職場必殺技　編織青雲路

錦繡錢情

李錦榮 著

鳴謝

「我沒有什麼特別的天賦。我只是充滿好奇。」

——愛因斯坦

對於這本書，我要感謝我的老師、導師、同事、客戶和許多鼓舞人心的作家，他們願意教我並分享他們在工作、職業發展和領導力方面的經驗和知識。更重要的是，我要感謝一直辛勤工作養家餬口的媽媽、感謝一直致力於家庭和宗教信仰的姐姐。最重要的是，我要感謝全心全意照顧家庭、在背後給予我工作動力的妻子。

謹以此書獻給富達投資前董事長愛德華·約翰遜三世（Edward Johnson III）先生。當我於2022年3月快要寫完本書時，突然傳來約翰遜先生逝世的噩耗。在我三十多年的財富管理行業的職業生涯中，幾乎有一半的時間是在富達度過。在許多個亞洲商務會議和晚宴上，我有幸與約翰遜先生面對面交流，從中學到了很多

關於誠信、文化、企業家精神、領導力、好奇心、創新、對細節的關注並以客戶為中心的理念。毫無疑問,他是我職業生涯中最重要的榜樣和最鼓舞人心的領導者之一。希望我的兒子也能謙虛地學習,他日盡情地發展所長,實現個人夢想和抱負,並懂得對家庭及社會負責。

最後,我要再次感謝《信報》的郭艷明、李海潮、余佩娟和李建安給予我絕對的夥伴支持、鼓勵和專業建議。此外,編輯吳家儀及蔡廷暉助我完成筆錄和編輯的工作,才能令《錦綉錢情》順利面世。

序一

認識錦榮大約是在八十年代中末期，當年一位於英國皇家藝術學院修讀設計的舊同學把他介紹給我，具體時間已經忘記了。那個時代香港正積極推動時裝設計，而我的時裝事業亦漸漸踏上軌道，急需人手幫忙，正好錦榮答應助我一臂之力，助我籌備一些時裝設計及表演工作，也幫我處理私人文書、財政檔案等。雖然合作僅屬義務兼職性質，時間也不是很長，但他工作勤奮聰敏，對一切熱情投入，而且性格平和可親，是一名陽光青年，因此給我留下深刻印象。時日過去，我淡出了時裝事業，也慢慢地與錦榮失去聯絡。

多年後，我嘗試接觸社交媒體，偶然再次聯絡上錦榮，得知他已成為一位出色的財經專才，不但闖出一番事業，更擁有獨特的個人形象，但對此我並不感到驚訝，反認為理所當然。

他出版的第一本著作令我深深感動，因為在此之前，我對錦榮的背景和經歷一無所知。如今他決定急流勇退，放下工作崗位，但仍積極回饋行業與社會，激勵及教育有志者，尤其是年輕一代，令我回想起自己也曾投身時裝培育工作，教導接班人的往事。

在此多謝錦榮昔日的協助，以及今天的邀請！祝錦榮再接再厲，人生兼事業再上一層樓。最後，我很高興認識你，並為你的成就感到驕傲。

林國輝
香港時裝議會及香港時裝設計師會社主席

序二

Bruno（李錦榮）願意和年輕人分享他事業成功的經驗和秘訣，這是回饋社會的一個極好做法，令我非常感動。看了他發給我的書稿後，更發現曾經管理及帶領成千上萬員工團隊的我與他在很多方面都有共鳴，所以義不容辭地答應替他這本新書寫推薦序。

書中的開首提及在事業發展期間，要「不怕吃虧」。的確，能夠不怕吃虧、不計較薪酬，才能在自己的一張白紙填上更多知識和經驗，把自己那塊還沒經過磨光的鑽石擦亮，提高自己在職場上的價值，繼而增加升職的機會，這也是作者提到「控制你自己的命運」的好例子。

作者討論到管理者需要具備的領導技巧和秘笈，明確表示重點必須放在員工團隊身上，因為在客人眼裏，每位員工的言行舉止就等於企業的形象，客人願不願意購買產品或在社交平台作出推薦，都與員工的表現息息相關。而且員工的行為，無論好與不好，也會互相濡染。作者分享了他在這方面的經驗及看法，其中

提及怎樣去贏得員工對領導者的信任，以及培養員工的重要性。的確，幫助員工為他們提升職場價值，不斷給他們提供升職的機會，是「留住員工」的最佳辦法，因為只要員工看到在職企業能夠給自己一個更好的明天，他又何必在外面尋找呢？

無論你正準備進入職場，或已經擔任管理工作，你也會發現這本書對你的事業發展極有幫助。

胡民康
洲際酒店集團前華北區副總裁
雅辰酒店集團前中國區總裁

序三

擁有耀眼事業的 Bruno 將畢生所學和心得濃縮成可讀性極高的職場指南，足讓有志者將此書長伴案頭，助其一展抱負，更能夠不時提醒我們保持着熱誠和拚勁的重要，藉之改變我們的職場生涯。

此書滿載諧趣貼地的職場逸事和睿智，令人享受開卷樂趣。

施穎茵

恒生銀行執行董事兼行政總裁

序四

《錦綉錢情》是一本極富啟發性的書,對正在求職或已在職場打滾的年輕人及讀者,是很大的指引。

作者嘗試從自身的經歷(天台木屋出身、中三輟學投身社會……),及在職場輾轉奮鬥的體驗(從酒店門僮……擢升為國際大企業的財富業務管理領導),與讀者分享他的人生管理哲學、職場工作及人事管理方面的成敗體驗。這絕對不是一本理論性的管理學書籍,而是一本充滿熱誠及經過實戰的人生經歷分享。

我認識作者超過30年,直接及間接共事也近10年,見證他第一次進入銀行當客戶服務主任,到他第二次回歸銀行當財富管理主管。我一直非常欣賞這年輕人的努力和成就,其實在他第一次請辭後,我已直接挽留他,希望給他更多發展機會,但我當然也尊重他堅定的事業意向。

人生目標會隨時間和機遇而不斷的改變及提升，勇於嘗試、不怕吃虧、不斷學習、正向思維，加上堅定實踐的意志，以人為本的管理方針，推己及人的協作關係，我們的人生就會活得更有使命、更有意義和更精采，這亦是作者與我的最大共鳴。

我極推薦年輕人閱讀並參考此書，希望他們能從作者的經驗及體會得到啟發。

區佩兒
滙豐前亞太區企業可持續發展總監
滙豐前亞太區個人業務銷售及服務總監
滙豐前亞太區人才發展、企業文化及培訓主管

序五

李錦榮一向給我的感覺是一個不一樣的金融人。讀完他的《錦繡錢情》，知道他的成長背景和職場經歷，更深入認識他的獨特之處。錦榮細說職場成功之道，和他帶領團隊經營財富管理行業的心得，內容豐富有趣，是一部很值得推介的書。

陳家強

WeLab Bank 主席

財經事務及庫務局前局長

序六

認識李錦榮（Bruno）已很久，從十多年前他修讀我當時在香港科技大學負責的金融碩士課程，到最近來到我任職的香港中文大學金融學系擔任兼職講師，他永遠都像有用不完的精力，做不同的事情。

在《錦繡錢情》，Bruno 以 40 年的工作經驗，引領讀者如何準備職業生涯中不同階段的發展及技能。Bruno 雖是從事財富管理，但在這一本書，他不再是討論投資及管理財富，而是如何管理心境。Bruno 的職業生涯並非一帆風順，而是亦有失敗及挫折。他分享在職業生涯不同階段如何面對不同期望及責任，及至成功後如何在領導崗位幫助企業及員工繼續成長。我推薦這本書給要在職場找尋正向發展的讀者。

陳家樂

香港中文大學商學院偉倫金融學教授及金融學系系主任

香港中文大學商學院前院長

自序

我相信，每個人都能成功！無論是過去、現在，或未來！

我在第一本書《李財有導》曾略略談到自己的職業發展歷程，其後許多朋友、同事和讀者都大為驚訝，想知道我的職業生涯何以如此與別不同；的確，從酒店服務員到時裝設計師，並轉型成為一名財富管理業務主管，不可說是不罕見。當然這不是一個精心策劃的結果，而是因緣際會而成，結合了我的成長方式和個人性格、香港這個充滿活力和機會處處的城市，以及在我生命中給予鼓勵及相助的貴人。在近 40 年的職業生涯中，我曾有過許多挫折，但也僥幸地取得了一些成功。

最重要的一點是，我不相信我是唯一一個幸運的人，這也是我撰寫這本書的主要原因——希望藉着我的個人經歷，能令年輕一代得到啟發，即使大家感到疲累、缺乏機會、比別人遲起步、讀書不成或懷才不遇，也不要輕言放棄，更不要局限自己的發展可能性，光明的前路並非只得一條，每個人的發展路徑可以不盡相同，把握現在、改變將來，仍然為時未晚。因為只有你才能定義自己的人生，關鍵是要學懂當中的方法，以及有紀律地執行。

在上一本書中，我詳述了有關投資及理財的想法，問題是：投資的第一桶金從何而來？畢竟大家都不是含着金鎖匙出生的人，而「全職炒家」的數目也少之又少，社會上大部分人其實都需要辛

勤工作來累積儲蓄，並要以財富管理來實現個人理財目標，比如置業、創業、為子女籌謀教育經費及準備退休開銷等。想獲得成功的事業，除了要擁有正確的態度、技能和方法，感情（包括親情、愛情、友情）也是背後重要的推動力，直接或間接影響你的事業發展及決策。

本書一共分為五章，層層談及職業生涯中不同階段的發展及技能：第一章是個人小故事，回顧我在學校、工作時的失敗經歷，及職業生涯中的關鍵轉折點；第二章踏入正題，詳述了有關工作、價值觀、動機和人生不同層次的需求，以及我對金錢和感情的概念；第三章聚焦於年輕人在投身社會最初10年時面對的情況，以及一些適用於不同企業文化的基本核心技能和能力；第四章關於打工一族在取得一定年資、漸漸晉身成為領導者時所需的基因；在最後的第五章，則談及一個人在掌握核心能力並成為領導者之後，如何處理職場上的繼任計劃、如何兼顧家庭和社會責任，甚至實踐個人的終極夢想和抱負。

成功從來不容易，但是我希望藉着《錦綉錢情》，可以幫助有志向的你學懂如何調整心態、活用技巧，更好地將未來的事業發展掌握在自己手中。

目錄

Chapter 01　失敗乃成功之母

Chapter 02 為什麼要工作？

Chapter 03 抓緊事業起步時

Chapter 04　領導者的基因

Chapter 05　光輝歲月

我與哥哥攝於兒時居住的天台木屋。

引子
千金難買少年窮

我生於1964年（屬龍、白羊座），是家裏排行第三，也是年紀最小的孩子。最初家人住在旺角區附近的天台屋，在我出世以後很幸運地被分配到租金低廉的葵涌石蔭公共屋邨，在那裏度過了香港很典型的童年生活。

我的父親在會計師事務所工作，性格比較內向、冷靜而沉着；母親是家庭主婦，但為了幫補家用，也常常帶外包工作回家，例如縫牛仔布、剪線頭、膠袋加工等。家母的性格比較外向，喜歡和鄰居打麻將聊天。那時「共享經濟」的概念已經出現，媽媽特意買下多套麻將，將之出租予街坊耍樂，而我便是那個幫助運送、收集和清潔麻將的人，事後會得5元酬勞，最後當然是貢獻給樓下的士多買零食。

我哥哥比我大9歲、姐姐比我大5歲。由於與兄姊有年齡差異，我的兒時玩伴通常是同齡的鄰居和同學。上中學以後，為了掙點零用錢，父親也會讓我幫他做一些簡單的會計記賬工作。

我記得我們居住的公屋有一條長長的走廊，走廊兩旁共有三十多個房間，而我們的房間號碼是一個非常幸運的數字「816」，這個小小300平方呎的方形單位，便是我們一家五口的容身之所。家中只有基本間隔，包括一個廁所兼浴室、一個水泥枱面放置煮食爐灶、一個用木板隔開的兩個房間，分別由父母和哥哥姊姊使用，至於我這個老么，有幸擁有全屋最大的房間——客廳，每晚我履行「廳長」職責，在長木椅床上睡得香甜，直至中學畢業。

三歲定八十？不要急於下結論，奪走任何孩子的機會！

從小到大，相對於我的哥哥和姐姐，我都是一個叛逆、學習成績欠佳的孩子，中一班主任給我的評語便是「純良好學，惜根底較差」。幸運的是，在好奇心、虛榮心和執着的性格驅使下（我也不知道自己何以有這些性格），一旦我找到了自己喜歡做的事情，就會不在乎回報、全力以赴直到完成為止。

這些性格特質，加上在社會不同行業打滾的經驗，對我日後的職業發展有莫大幫助。經過多年的努力，以及客戶、同事、老闆和商業夥伴，當然最重要的是家人的支持下，現在我總算取得一些成就，能為家人提供相對舒適的生活。

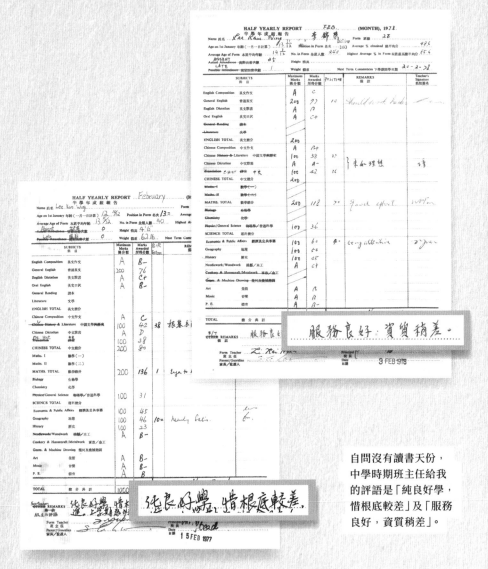

自問沒有讀書天份，
中學時期班主任給我
的評語是「純良好學，
惜根底較差」及「服務
良好，資質稍差」。

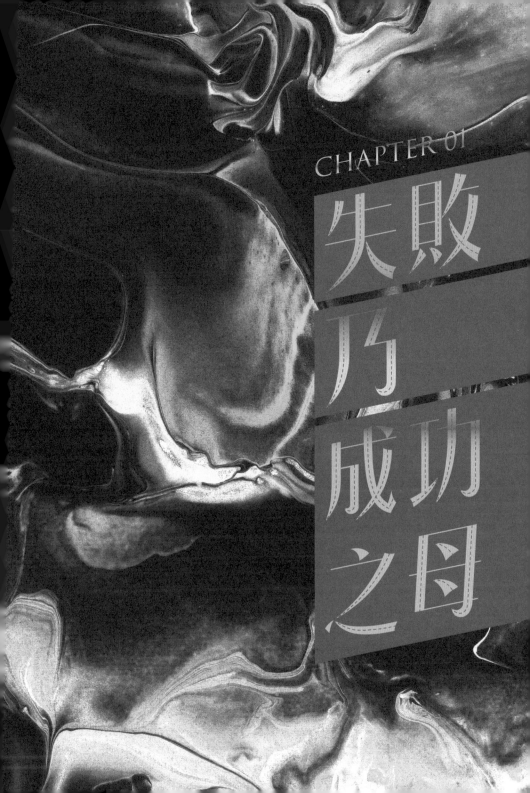

CHAPTER 01

失敗乃成功之母

CHAPTER 01

天仇：喂！

飄飄：幹什麼？

天仇：走了？

飄飄：是啊。

天仇：去哪裏呀？

飄飄：回家。

天仇：然後呢？

飄飄：上班嘍。

天仇：不上班行不行？

飄飄：不上班你養我呀？

（天仇一笑，飄飄也一笑，兩人揮手再見，
飄飄繼續走。天仇追了上來）

天仇：喂。

飄飄點燃一支煙背對天仇：又怎麼了？

天仇：我養你呀！

飄飄：你先照顧好你自己吧，傻瓜！

——周星馳主演《喜劇之王》對白

自問沒有讀書天份的我，考試經常滿江紅，雖然未曾考第尾，但也相差不遠。當時我受到荷里活電影《油脂》的薰陶，整天顧着吃喝玩樂，參與不同派對，一直無心向學。由於成績長期不理想，升讀荃灣官立中學時，我只能獲派三年制課程的資格。

完成三年中學課程後，是時候面對現實，我嘗試尋找其他升學的機會，最終被東華三院黃鳳翎中學取錄，但因為以往的成績差強人意，我需要重讀中三。在1982年香港中學會考，我考獲1B、2C及5D的成績，當中以數學為最佳成績，其次是附加數學及經濟科，成績較好的三科主要都是要理解多於記憶。

人生的路並非一定按計劃而行，少年懵懂的我對前途並沒有長遠打算，更未想過發達或創業，不過是隨遇而安，做自己喜歡做的事。我這麼一個學歷不高的窮小子，因緣際會下在多個蓬勃發展的行業中留下了足印，除了是因為上世紀八十年代正值香港經濟起飛，社會機遇處處，與個人性格也有關係。

我是一個充滿創意和激情，又不怕吃虧的人，對很多事情都有強烈好奇心，經常抱着「我對這個事情很感興趣，可否讓我試一試？」的心態，別人感受到我的真心，便為我給予種種機會。我也慶幸自己性格外向不計較，興趣又多，不時跟志同道合的朋友一起去試、去闖，累積了很多有趣的經歷；相反，如果做事錙銖必較的話，便很可能局限了自己的發展。

HONG KONG CERTIFICATE OF EDUCATION
香港中學會考證書

This is to certify that
茲證明

LEE KAM WING

李錦榮

sat for the Hong Kong Certificate of Education Examination in 1982 and achieved the grade indicated against each of the subjects listed below :

於一九八二年參加香港中學會考, 各科成績如下 :

Subject 科目	Grade 等級	Remarks 備註	Language Medium 應考語文
ENGLISH LANGUAGE (SYLLABUS B)	D(4)	N	ENGLISH
ECONOMIC AND PUBLIC AFFAIRS	D(4)	N	ENGLISH
BIOLOGY	D(4)	N	ENGLISH
CHEMISTRY	D(4)	N	ENGLISH
PHYSICS	D(4)	N	ENGLISH
MATHEMATICS	B(2)	O	ENGLISH
ADDITIONAL MATHEMATICS	C(3)	O	ENGLISH
CHINESE LANGUAGE	D(4)	N	CHINESE

Number of subjects within each grade :
考獲各等級之科數 :

A	B	C	D	E	F	G	H	Total 總數
****	ONE	TWO	FIVE	****	****	****	****	EIGHT

Candidate No. 119495
考生編號

See notes overleaf
參閱背頁註釋

Secretary
Hong Kong Examinations Authority
香港考試局秘書

1982年香港中學會考考獲1B、2C及5D，當中以數學成績最佳，其次是附加數學及經濟科，成績較好的三科主要都是要理解多於記憶。

酒店 設計 重回 加入 轉職 台灣 回流
時期 時期 校園 滙豐 富達 時期 香港

酒店時期：大開眼界之始

我人生第一份工作，是在中五等待畢業期間，經同學介紹下到中環文華東方酒店當門僮暑期工。對於18歲的我而言，1300元的月薪已經很不錯，沒想到小費收入更是可觀，有些豪客會給10元美金或100元港幣貼士甚至更高，薪金加上小費的月入可達數千元，在八十年代已算是高薪。

在文華東方工作的日子雖然短暫，但過程可謂多姿多采，也讓我大開眼界、得着不少，尤其是學習到各種解決困難的能力。酒店的客人來自世界各地，他們的問題五花八門，例如哪裏訂造西裝、遺失袖口鈕怎辦、哪裏有汽車接送服務等，我每天盡力協助他們解決不同疑難。大家都知道，酒店有很多達官貴人、明星出入，我因而也學懂守口如瓶，不能隨便透露他們的行蹤或私事。在文華東方酒店工作最令我印象深刻的經歷，就是替八十年代國際巨星、《青青珊瑚島》及《無盡的愛》的女主角波姬小絲

會考畢業後，在九龍香格里拉
酒店接待櫃台工作，有一次得
到客人肯定，獲公司頒發每月
最佳員工獎。

MYSTERY GUEST AWARD OF THE MONTH

 Shangri-La hotel–HONG KONG

Awards this certificate
To

Bruno Lee

who provided the most outstanding
hospitality and service to our guests
during the month of August 1983

General Manager

WESTIN HOTELS

（Brooke Shields）取行李，即使過程只是從酒店門口到她的房間的短短幾分鐘，也讓我畢生難忘。

中五考試成績公布後，我仍沉醉在多姿多采的酒店工作生活中，加上當年酒店對員工學歷要求並不高，大部分職位都是紅褲子由低做起，因此我未有繼續升學的念頭，只是參加了一些在職培訓課程。後來九龍香格里拉酒店即將開店，我應邀前去繼續當門僮，半年後終於獲得一個升職的機會，轉到接待櫃台當夜更工作。

相比門僮，接待櫃台所學到的技巧較多，例如要使用電腦快速打字幫助客人辦理入住手續、與人溝通及交涉、即時處理突發事情及投訴等。雖然工作不算艱苦，但每天遇到的「奇難雜症」也不少。作為前線員工，我們不時受到客人不友善對待，但即使遇上挫折或困難，酒店從業員都須學懂盡快放鬆心情，調整情緒，以保持專業的工作態度。那時我完全不知道，在五星級酒店的工作經歷竟然會幫助自己培養了管理情緒的技能，成為我未來寶貴的人際交往能力。

記得有一次我得到了客人的肯定，繼而獲公司頒發每月最佳員工獎。酒店不時有長住客人，其中一對夫婦是我的招待對象。每一天我都精神奕奕地向他們打招呼，為他們安排車輛接送。他們離開時，便寫了一封嘉許信給酒店表揚我的貼心服務。獎項雖小，對十多歲的我而言卻意義非凡。

設計時期：五光十色的生活

在酒店工作的我，生活過得自由自在，每天接觸的又不乏衣香鬢
影、靚人美事，萌生了對品味的追求，更曾特意等待酒店內的
Giorgio Armani店舖減價，豪花一個月底薪購買名牌外套，滿
足少年時那顆愛美的心，也為日後的時裝設計工作埋下了種子。

那時香格里拉酒店的商場有一家Roger Craig髮型屋，我跟那裏
工作的人混熟了，其後他們於九龍塘另起爐灶。我是個充滿好奇
心又不怕「蝕底」的人，一心只想學到更多有趣的玩意，於是在
沒收任何酬勞下，下班後經常到那裏學習洗頭、剪髮。這間髮型
屋，便是後來鼎鼎大名的Headquarters。

除了在髮廊當學徒，我在健身室認識了一位在理工學院任教設計
和紡織的講師，言談間他得悉我對時裝設計非常感興趣，邀請我
跟他上堂學習設計，其中一位一起上課的女士賞識我的設計，邀
請我幫忙「參考」外國的款式設計一些女性時裝系列，她負責生
產並售賣。於是我在「誤打誤撞」下，又當起了時裝設計師來。

離開酒店業後，我先後在兩間公司當上時裝設計師，更曾遇上了
一個難能可貴的機會——參加香港貿易發展局主辦的香港時裝節
群展。當時我以中國唐三彩的圖案設計出一系列針織衣服，更獲
《南華早報》拍照報道。我這個「半途出家」的時裝設計師竟有此
機遇，實在幸運不過！

Study Of P.Cassin
Head of a woman.
June '86.

Bruno '85

修讀時裝設計時的素描作品。

SUNDAY MORNING POST, JANUARY 26, 1986 · LIFESTYLES

Shaping up well in the fashion world

A mix of knitwear in street outfits.

THE Trade Development Council's Casual Apparel Show last weekend attracted several thousand buyers and lived up to the usual high standard of professionalism and presentation.

These TDC functions constantly help our image abroad and aid local designers and manufacturers in upgrading their standards.

The Hongkong manufacturers essentially make wearable clothes. The presentation at the TDC shows often makes them look much more bizarre than they are, but this is part of the game of catching attention.

After a big TDC show in New York in 1984 the some press critics commented that nothing really new was coming out of Hongkong and that we still did not have designers to make a world impact in the way the Japanese did with their "poverty look."

But we have several designers who are well in the forefront of world trends and great progress has been made of recent years in up-marketing our image in the luxury materials like silk, fur and leather.

TRENDS
Winsome Lane

Miss Eleanor Wong, a remarkable woman who heads two firms of knitters and spinners and chairs the Hongkong Knitwear Exporter and Manufacturers Association, said at the opening that the manufacture of apparel in Hongkong has enjoyed spectacular growth and development.

Hongkong, she said, has reached high standards of quality, design and workmanship that make our clothes a prime source of fashionable and competitively priced apparel in the international market.

Commenting on the threat to the Hongkong garment industry posed by US protectionism, Miss Lydia Dunn, chairman of the TDC said that in 1984 each person in Hongkong consumed US$570 of American imports, and that we are the world's largest market for some American imports such as aluminium structures and the second largest market for their poultry, fresh grapes, cigarettes and fur pelts.

"Our market is open to them. We impose no trade barriers on products from other countries nor do we protect or subsidise our own industries. We are totally committed to the principle of free enterprise and free trade," she said.

Despite the unfairness of the American situation, this of course, is Hongkong's strength.

As well as the main fashion shows, which put on display some exciting designs and fabrics for the coming year, with the Dragon theme so popular with the TDC, there were several house shows by local designers including Ragence Lam and Diane Freis.

當時裝設計師期間，參加香港貿易發展局主辦的香港時裝節群展（group show）。當時以中國唐三彩的圖案設計出一系列針織衣服，獲得《南華早報》拍照報道。

與此同時，在理工學院講師的介紹下，我認識了香港知名服裝設計師林國輝（Ragence Lam），當時他常帶我去他的店舖及工廠參觀，互相交流設計心得，更邀請我為其個人時裝展處理現場音樂，雖然我沒有收到半分酬勞，但也是一個相當寶貴的經驗。

在時裝界打滾的日子生活五光十色，閒時我們一班人會到蘭桂坊著名的士高 Disco Disco（DD）玩樂，還記得那時更曾與紅極一時的歌星陳百強同處一間 VIP 房，一起收看當年米高積遜（Michael Jackson）最火熱的音樂錄影帶 Thriller 首播，全場氣氛十分高漲，真是 Good old days！

時裝設計也講商業計算

當造型師或時裝設計師最引人入勝的地方，是與他人分享自己的想法，把想像力變為現實。我還學到了很多基本設計元素，比如人體結構和美感，以及顏色、質地、材料、細節和配件的運用。看着自己的創作從無到有並能展現人前，實在令我感到無比滿足和興奮，這便是創造的力量。

那時我對時裝相當入迷，公餘閱讀了很多關於時尚的歷史和世界知名時裝設計師的傳記，比如聖羅蘭（Yves Saint Laurent）和「老佛爺」Karl Lagerfeld 彼此之間的較量。他們的天賦和必須擊敗競爭對手的決心，無疑是成功的最大關鍵。

我又發現，相對於注重材料質素與工藝的歐洲時裝設計師，美
國設計師如 Calvin Klein 更注重推廣單純無價的青春和原始慾
望。CK內衣廣告之成功，相信已不須贅言，而當時CK一個廣
告系列中，請來了20歲不到的波姬小絲穿着一條 Calvin Klein
牛仔褲，誘人地說：「我和我的 Calvins 之間沒有任何阻礙。」引
起了廣大年輕人的幻想。我開始意識到，一些最著名的設計師
不僅是向消費者或他們的「粉絲」出售服裝，更加是在出售一種
生活態度、歸屬感或價值觀，為消費者提供一些在現實生活中
渴望或缺少的東西。

當年波姬小絲穿着一條 Calvin Klein 牛仔褲說：「我和我的
Calvins 之間沒有任何阻礙。」引起廣大年輕人幻想。

Fall/Winter 86-87

於香港貿易發展局主辦的香港時裝節群
展、1986-87秋冬系列中，以中國唐三彩
為靈感，設計出一系列針織衣服。

FALL/WINTER '86-87

另一個令人難忘的故事是香奈兒（Coco Chanel）。第一次世界大戰後，人口尚未恢復元氣，社會勞動力不足和服裝材料稀缺，為了讓女性更方便地填補勞動力，香奈兒設計了標誌性的四口袋實用斜紋軟呢夾克（Tweed Jacket）、短身直筒裙連同設計精美的配件，所需用料不多，成本也不昂貴，這種實用時尚的設計很快變成了當時事業女性的標準風格，生意因而大獲成功。

為何一些設計師的作品能風靡全球？究竟時尚和潮流背後有什麼驅動力？閱讀這些傳奇故事，令我開始明白到想要成為一個成功的設計師，單靠激情是不夠的，背後必然涉及到複雜的商業計算，包括宣傳推廣、成本控制，以及對社會及經濟實況的掌握等。

因此在工作幾年過後，我慢慢體會到，如果想要在藝術或時裝設計領域更上一層樓，我必須繼續進修，裝備自己。於是毅然拿着手頭上的積蓄，加上家人的資助，隻身跑到冰天雪地的加拿大卡加利（Calgary）入讀社區學院。

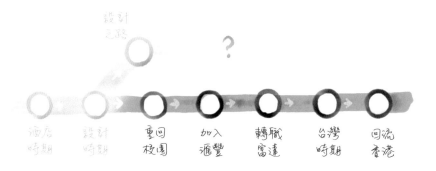

重回校園：人生轉捩點

當時藝術學院及正規大學同時取錄了我，若按原本計劃，我本應
選擇前者。不過人長大了，想法慢慢也有了改變。香港的時裝界
雖不乏極具天份的猛人，可是成功登在頂端的只是寥寥無幾，在
底層苦苦掙扎的卻大有人在。我自己有沒有同樣的成功條件呢？
人大了，玩也玩過，在不同領域也闖過一些成績，過程固然快
樂，但從現實方面想，若要在時裝設計方面繼續發展，自問成就
也不見得會很高，不如腳踏實地，選擇一條更實際的路。

這便是我人生中第一個有意識的重大抉擇。上世紀八十年代
末，香港出現龐大移民潮，我開始思考為何大批港人擔心回
歸中國或要離開香港、中國過去的歷史和未來發展又將如何
等，為了進一步探索這些原因，我最後決定了改為在卡加利

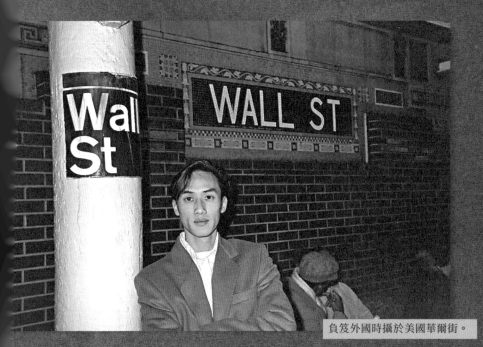

負笈外國時攝於美國華爾街。

就讀加拿大卡加利大學期間，為了幫補生計，從事兩份兼職工作，其中一份兼職是聯絡校友募捐，過程中學會一些策劃銷售和市場推廣技巧。

```
                                                 **** ISSUED TO STUDENT ****
                                                            (MAIL)
SURNAME        GIVEN NAMES
LEE            BRUNO KAM WING          STUDENT NUMBER       DATE OF ISSUE
PREVIOUS NAME                           880567             90-06-07.
                                        DATE OF BIRTH       PAGE
                                        64-03-22                   1
```

```
ISSUED TO:

    BRUNO KAM WING LEE            **************************
                                 *   U N O F F I C I A L  *
                                 **************************


RECORD OF MATRICULATION
   EXTRA SUBJECTS:  ENGLISH 30   67%  MATH 30    98%  MATH 31   99%
                    PHYSICS 30   97%

TOEFL TEST: 610

EFFECTIVE WRITING: COMPLETED REQUIREMENTS

FALL/WINTER 1987/88  GENERAL STUDIES

ADMITTED WITH EQUIVALENT SENIOR MATRICULATION.

--COURSE---        ----------DESCRIPTION----------  GR  GPV WGT GRPTS UN TERM
CPSC 211  INTRO TO COMPUTER SCIENCE I               B+  3.3 2.0  6.60  4 FALL
ECON 201  PRINCIPLES OF MICROECONOMICS              A-  4.0 2.0  8.00  4 FALL
ECON 203  PRINCIPLES OF MACROECONOMICS              A-  3.7 2.0  7.40  4 FALL
MATH 211  LINEAR METHODS                            A-  3.7 2.0  7.40  4 FALL
STAT 213  DESCRIPTIVE STATISTICS                    A-  4.0 2.0  8.00  4 FALL
CPSC 213  INTRO TO COMPUTER SCIENCE II              A-  3.7 2.0  7.40  4 WNTR
CPSC 255  ELEM PROGRAM FOR SOCIAL SCIENCES          A-  4.0 2.0  8.00  3 WNTR
MATH 251  CALCULUS                                  A-  4.0 2.0  8.00  3 WNTR
PHIL 279  INTRODUCTORY FORMAL LOGIC                 A-  4.0 2.0  8.00  4 WNTR
STAT 217  INFERENTIAL STATISTICS                    A-  3.7 2.0  7.40  4 WNTR
                                                            GPA: 3.81

AWARDED THE GULF CANADA CENTENNIAL SCHOLARSHIP.

AWARDED THE UNIVERSITY OF CALGARY UNDERGRADUATE MERIT AWARD.

    SPRING/SUMMER 1988

ECON 340  MONEY AND BANKING                         A   4.0 4.0 16.00  6 SPRG
ENGL 201  COMPOSITION                               B+  3.3 2.0  6.60  3 SPRG
ECON 303  INTERM ECON THEORY-MACRO ECON I           A-  3.7 2.0  7.40  3 SUMM
POLI 313  POLITICAL IDEOLOGIES                      A-  3.7 2.0  7.40  4 SUMM
                                                            GPA: 3.74

    FALL/WINTER 1988/89  SOCIAL SCIENCES  BA IN ECONOMICS

TRANSFERRED TO THE FACULTY OF SOCIAL SCIENCES.

ECON 301  INTERM ECON THEORY-MICRO ECON I           A   4.0 2.0  8.00  3 FALL
ECON 359  INTERM ECON THEORY-MACROECON II           A   4.0 2.0  8.00  3 FALL
POLI 201  WORLD POLITICS                            C+  3.7 2.0  3.40  3 FALL
SOCI 201  INTRODUCTION TO SOCIOLOGY                 B   4.0 2.0  8.00  3 WNTR
EAST 317  UNDERSTANDING EAST ASIA                   A   4.0 2.0  8.00  3 WNTR
ECON 304  INTRO TO QUANTITATIVE ECONOMICS           A   4.0 4.0 16.00  6 BOTH

                     (CONTINUED ON NEXT PAGE)
```

```
                                        **** ISSUED TO STUDENT ****
                                                  (MAIL)
                                        STUDENT NUMBER       DATE OF ISSUE
                                         880567             90-06-07.
                                        DATE OF BIRTH       PAGE
                                         64-03-22                   2

                                              GR  GPV WGT GRPTS UN TERM
ECON 357  MICROECONOMICS II                   A   4.0 2.0  8.00  3 WNTR
ECON 397  ECONOMIC DEVELOPMENT OF CHINA       A   4.0 2.0  8.00  3 WNTR
ECON 542  MONETARY ECONOMICS                  B   3.0 4.0 12.00  6 WNTR
                                                      GPA: 3.52

AWARDED THE UNIVERSITY OF CALGARY UNDERGRADUATE MERIT AWARD.

    SPRING/SUMMER 1989

CLAS 304  THE ROMAN EMPIRE                    B-  2.7 4.0 10.80  6 SPRG
ECON 420  INTERNATIONAL ECONOMICS             A-  3.7 4.0 14.80  6 SUMM
                                                      GPA: 3.20

    FALL/WINTER 1989/90  SOCIAL SCIENCES  BA HONOURS IN ECONOMICS

ECON 315  INTRODUCTION TO ECONOMETRICS I      A   4.0 2.0  8.00  3 FALL
ECON 557  TOPICS IN ECONOMIC THEORY I         A-  3.7 2.0  7.40  3 FALL
PHIL 455  SOCIAL AND POLITICAL PHILOSOPHY     A   4.0 2.0  8.00  3 FALL
POLI 359  COMPARATIVE GOVT & POLITICS         B   3.0 2.0  6.00  3 FALL
ECON 334  ECONOMICS OF DEVELOPING COUNTRIES   A   4.0 4.0 14.80  6 BOTH
ECON 395  MARXIAN ECONOMICS                   A   4.0 2.0  8.00  3 WNTR
ECON 558  TOPICS IN ECONOMIC THEORY II        B   3.0 2.0  6.00  3 WNTR
GNST 351  CHANGE                              A   4.0 2.0  8.00  3 WNTR
POLI 365  GOVTS & POLI OF CHINA               A-  3.7 2.0  7.40  3 WNTR
                                                      GPA: 3.68

JUN 1990: AWARDED THE DEGREE BACHELOR OF ARTS (HONOURS)
          MAJOR: ECONOMICS

------------ END OF TRANSCRIPT ------------
```

在加拿大卡加利大學修讀經濟學，只用了3年時間便完成4年大學榮譽課程，且每年都獲得獎學金。

（Calgary）大學修讀經濟學。讀書之餘，我在校內也找了兩份兼職工作幫補生計。第一份是在大學資源中心為留學生提供培訓技巧，在那裏我可以免費使用電腦而不是打字機完成功課。我猜大多數千禧一代讀者可能沒見過打字機，也不明白以打字機撰寫研究論文有多痛苦！因為，每次打錯一字，都必須重新再輸入整頁文字。我的第二份兼職則是聯絡校友募捐，過程中學會一些策劃銷售及市場推廣技巧。

1987年環球爆發股災，正正是我入讀大學第一年。在社會打滾過後，我發現讀書原來沒有想像中辛苦，同學還說我神經病，上課從不抄錄要點，其實我只是非常專注講師每一節授課。我每日抱着破釜沉舟的精神學習，連放假也沒有回港，最後只用了3年時間便完成4年大學榮譽課程，且每年都獲得獎學金。完成大學課程後我甚至沒有參加畢業典禮便立即回港找工作，因為當時我已經26歲了，自覺比一般同級的人遲了數年才真正接觸金融界工作，又不想花費家人太多金錢，所以希望盡快起步，追回以前的光陰。

在大學修讀經濟時，我對金融及銀行業的知識有了濃烈興趣，因而想加入銀行界工作；當時的移民潮，又促使我閱讀了好些跟中國發展有關的書籍。對於經濟學畢業生來說，於這個大時代投身金融業，相信是一個很難得的時機，因此我漁翁撒網地寄出求職信，遍及香港各大銀行，連一些英資大行如怡和、太古也不放過。然而過了一段時間，所有信件都音訊全無。我自知原因，就是過往工作背景太複雜，年齡也比其他應徵者略大。

初出茅廬：加入滙豐

在九十年代初，我正式投身金融行業，幸運地入職滙豐銀行，但當中的過程並非一帆風順，事實上我曾數次被拒諸門外。當時我首先申請管理培訓生（management trainee）一職，卻杳無音訊，其後的即場面試（walk-in interview）也無功而回。年少氣盛的我寫了一封信給當時滙豐銀行主席浦偉士（Sir William Purves），豈料真的獲得他回信，輾轉之下，我終於得到客戶服務經理實習生一職。

回想起來，我也不知道自己哪來的勇氣，竟寫信給滙豐銀行主席，但這封信無疑是我職業生涯中最重要和最有價值的轉捩點。

入職一年後，我被派到滙豐分行工作，每天的工作重重複複，不是替客戶申請信用卡，就是開戶口，能學的東西好像不夠多。對於國際投資市場和基金投資行業有興趣的我，曾經申請過內部調職至資產管理部門，但公司並不鼓勵同事隨便轉到其他崗位，因此最終也沒有成事。

心灰意冷之際，我恰巧看到有一家基金公司的招聘廣告。我是一個願意冒險的人，更加希望學以致用，把我對環球投資市場、股票債券等知識運用在工作上，於是二話不說立即申請，從此走上財富管理之路。

Bruno K. W. Lee

May 18, 1990

Mr. William Purves
Chairman
The Hongkong and Shanghai Banking Corporation
1 Queen's Road
Central

Dear Chairman Purves,

It has been a great pleasure to know that "HongkongBank
is committed to Hongkong", for I, as a Chinese with
Hongkong origin, share the same view as well.

While many professionals and corporate managers are
leaving Hongkong because of the uncertainty in the future
of Hongkong, I thought that now is an excellent chance
for me to start and develop my career in my native land.
With this high spirit, I flew back to Hongkong on May 3,
1990, right after my last examination for my BA Honours
programme on April 27, 1990.

Since I was majoring in economics with a concentration
on monetary and international economics, and I, like you
after the Korean war, am having a strong interest in
making banking my career, my natural and number one
choice is to find a career opportunity in the HongkongBank
Group because of the committment of your Corporation.
However, the response from your Corporation is both
disappointing and discouraging.

Firstly, my letter enquiring about the training programmes
of HongkongBank for university graduate on August 30,
1989, was met with no reply. Secondly, after my return
on May 3, 1990, I sent a letter to the Graduate Recruitment
Department of your Personnel Office to apply for a
position, any position, in your Corporation. Ms Blanche
Chan, your Personnel Officer for Graduate Recruitment,
informed me on May 11, 1990, that "the vacancies for
trainee position of this year have been filled," though
she will retain my letter on files for six months, and
will contact me for any change in the situation. Thirdly,
I was denied the opportunity to fill any form, nor to
receive any interview for your Recruitment Open Days on
May 16, 1990. The reason being that I am overqualified
for the posts offer on that particular event, even

九十年代初，曾數次求職
滙豐銀行被拒諸門外，年
少氣盛的我寫了一封信給
時任滙豐銀行主席浦偉士
（Sir William Purves），
豈料真的獲得他回信，輾
轉之下，我終於得到客戶
服務經理實習生一職。

though I do not mind the lower positions to start with.
However, your staff politely gave me the telephone number,
8224487, to contact Ms Lo, your personnel officer.

I phoned Ms Lo, in the morning of May 17, 1990, to enquire
about the details of your Management Trainee Programme,
and about any temporary opportunity in HongkongBank Group
for me, so that I can gain some work experience and
contribute to your Corporation while waiting for the
vacancies for Management Trainee position. Through our
conversation, she has explained to me that the policy
of your Corporation, on Management Trainee Programme,
that higher priority is given to the graduates of the two
local universities, and of the local higher educational
institutions. Also, because of the large number of
applicants from these local institutions, most likely,
overseas graduate would not even be considered, irrespective
of the graduate's merit and potential. This was what I
learnt from your officer, if I have not misunderstood or
misinterpreted.

I fully understand and agree that this policy is the internal
affair of your Corporation, absolutely, and I have no
intention and right to interfere with the internal policy
of your Corporation. But as a committed citizen of
Hongkong, I wish that HongkongBank Group, "a company which
is committed to my home" in Hongkong, can give an equal
and fair opportunity to everyone who is willing to build
the future of this promising land in the Decade of the
Pacific Rim and the years to come. I believe that this is
one of the most effective ways to reverse the brain-drain
process, which is seriously affecting the vitality of
Hongkong and HongkongBank.

If HongkongBank is a company which is committed to Hongkong,
and if your Corporation believes that the cultivation of a
team of loyal, committed, qualified, talented, and hard
working professional is a crucial factor to the success
of your Corporation, I sincerely wish that your Corporation
will consider the point that I have mentioned.

Thank you very much for the time taken to read this letter,
and I wish your Corporation every success in building a
secure and better future for the people of Hongkong.

Yours sincerely,

Bruno K. W. Lee
A friend of HongkongBank

滙豐大班浦偉士

HongkongBank

The Hongkong and Shanghai Banking Corporation Limited
1 Queen's Road Central, Hong Kong

W Purves
Chairman

Mr Bruno K W Lee
[redacted]
[redacted]
[redacted]
[redacted]

24 May 1990

Dear Mr Lee

Thank you for your letter of 18 May 1990 and for expressing your interest in joining us.

I have investigated your complaints, which were due on the face of it, to have arisen from some misunderstanding and communication failure.

It appears that your letter of 5 May arrived too late for you to undergo the necessary selection process for the next intake of graduates which was then in its final selection stage. It is true that at this time of year such graduates are normally from the local tertiary institutions, as they are available to commence training immediately. Our experience shows that overseas graduates do not normally return to Hong Kong until after the summer vacation period, and in this respect you are rather an exception. However the fact that you are an overseas graduate would not have precluded your selection, which was, as I have said, purely because your application was too late in arriving for that particular intake.

Turning now to the Recruitment Open Days, I should perhaps explain that we recruit on two levels, clerical and executive, and the selection process for each is obviously very different. Recruitment Open Days are purely aimed at recruiting clerical staff. We do not normally recruit university graduates for clerical posts, and I believe you were informed that you were over-qualified for those jobs. On the day in question we interviewed over five hundred applicants between 3pm and 7pm, which obviously meant that staff had no time to handle applicants who were better qualified for executive positions. While I note that you would be pleased to start in a clerical post before moving on to an executive position, it is not our current practice to follow this route.

I understand that the selection of the next group of graduates will begin shortly, and I hope that you will be hearing from us within the next ten days or so.

I hope this information enables you to understand our position a little better, and that you will accept our apologies for any misunderstanding which may have arisen. Please be assured that this Bank is interested in high quality candidates from all sources, and especially welcomes back students returning from overseas studies.

Yours sincerely

浦偉士給我的回信。

轉職富達：走上財富管理之路

1991年，我正式入職國際知名的富達投資（Fidelity Investments）。富達投資是一家非常成功的基金管理公司，有傳奇基金經理彼得‧林奇（Peter Lynch）坐鎮。除了基金管理，富達也是美國最大的折扣證券經紀商之一及主要的人力資源外包服務提供商。有趣的是，這家企業目前雖然管理着超過萬億美元的客戶資產，但仍然是一門家族生意，在來自波士頓的約翰遜家族（Johnson Family）控制下，至今已來到了第三代。

在入職富達之初，我擔任最基層的投資代表工作，負責解答客人的投資問題，以及開發和聯絡分銷夥伴銀行，就連一些跟本職無關的工作，我也會參與其中。或許是這種不怕吃虧的個性，讓我有機會接觸及學習不同的事物，而且不時會有意外收穫。

在九十年代初，富達仍然沿用傳統的錄音方式，順序地播放數十隻基金的報價，客人如要查詢基金報價，便要打電話聽取，過程極花時間。我認為無論對公司的形象，抑或對客戶的服務質素而言，這都不是一個方便的做法。有見及此，我便主動詢問：究竟有沒有一個更好的解決辦法？ IT同事回覆說，語音系統（Interactive Voice Responsive System）的效果更佳，但他們恕不負責，如有興趣我需自行處理。

雖然這不是我的份內事，但我一直以來都抱着「勇於嘗試」的心態面對工作，因此在公餘時間埋首研究整個系統，由統籌、編寫流程、找人錄音、自行修改聲音檔案以至測試，全部都是由自己一手一腳打造而成，最後還設計了一本小冊子，向公眾宣傳這個新服務。後來到了某個階段，我發現不會再有人告訴我應該或不應該做什麼，一切全看自己的造化。

工作3年後我和妻子結婚（是的，在我和妻子結婚的那一年！），公司調派我到美國波士頓、鹽湖城及三藩市分公司培訓6個月，以學習更多有關投資業務的知識及管理手法。在這幾年間，我學會了使用電腦開發更好的客戶服務、指導和發展團隊、爭取學習機會，以及主動表達自己的看法。

台灣時期：文化衝擊與磨合

從美國回到香港後，除了管理香港的零售業務團隊，我還有機會
參與台灣、韓國和日本等亞洲市場的業務發展。直至2000年，
我和妻子搬到台北，接過台灣富達投資子公司的總經理一職。不
像新一代，以往港人的國語水平通常都「非常普通」，我也不例
外，在擔任這個新職位後才開始急忙學習，但為了顯示融入台灣
團隊的決心，打從一開始我就以非常「流利」的粵語口音跟同事
溝通。然而，台灣工作文化是不會公開挑戰上級，即使他們不明
白我在說什麼，也不會要求我澄清，所以派駐台灣之初，我經常
碰到一些尷尬時刻，甚至鬧出不少笑話，例如我一直把基金讀成
「雞精」。

慢慢地，我的國語雖稱不上標準，但基本溝通已不成問題，唯獨
是對說台語（即閩南話）的台中、台南人士，仍然難以交流，因為
除了《愛拼才會贏》這首台語金曲，我在閩南話方面實在無能為
力，因此開會時往往要靠同事幫忙翻譯，讓我常常覺得自己是局
外人，難以被當地人完全接受。

香港和台灣之間的文化差異，也是我面對的一大挑戰。由於當時
台灣人口及業務規模是香港零售業務的3倍，當地業務競爭也非
常激烈，台灣團隊甚至一度質疑為什麼公司會從香港這個小地方
派人來領導他們，那是我們最艱難的磨合期。

香港一直都是中西文化滙聚的國際大都會，商業環境及處事模式較偏向西方做法，重視專業性及效率。相反，台灣人則偏重倫理關係，輩份及階級觀念很重，每當員工遇見長輩或上司，都會顯得恭恭敬敬。而每逢約見新客戶，見面開首對方一定不會跟我談生意，而是在摸清我的底細，例如我在哪間大學畢業、修讀什麼系、認識哪些人等，他們旁敲側擊地試探我到底是朋友抑或是敵人，如跟他們非親非故，沒有丁點連帶關係，便很難融入他們的圈子。

台灣工作文化重視輩份階級，有別香港講求專業與效率。

這種文化對業務也有極大影響，譬如員工因為尊敬上司或老闆，即使察覺業務決策上有任何不對的地方，都不會正面指出，結果是，我們常要改正或重做工作，浪費了大量時間和資源。

正因為台灣職場存在這種文化，當時我除了在正規會議上鼓勵同事提出意見，亦要運用一些小技巧，私底下逐一找員工對話，了解他們對於公司決定的真正看法，好讓我更容易調整行事策略及管理方針。

除了語言及文化大不同外，地理也是一項挑戰。香港交通四通八達，金融事業大多集中在中環或商業區，即使要在偏遠地區跟客戶談生意，也尚算方便。台灣的面積卻大得多，客戶分布在整個島嶼，當時高鐵還未竣工，我們經常要乘坐內陸飛機來回，消耗不少精神和時間。

如此這般，在台灣的首3年，我便是以這種狀態，與同事一起經歷千禧年科技泡沫破滅、911恐怖襲擊和2003年非典型肺炎（沙士）等重重難關。其後我轉職至景順台灣（Invesco）擔任首席執行官，管理台灣及大中華地區的零售業務銷售發展。工作上漸漸上軌道，文化上的磨合也已慢慢適應，但在景順工作短短一年後，我卻決定辭職回港。

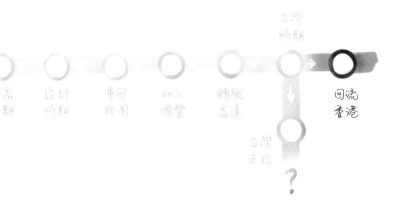

店期 設計時期 重回校園 加入滙豐 轉職富達 台灣時期 回流香港

台灣之旅 ?

回流香港：重新出發

外人或許會有疑問：我在台灣已攀上高職，為何在事業衝刺之際卻「急流勇退」？世事往往如此，到了一些人生重大關口，我們都得作出選擇或取捨，而我選擇了以家庭為先。

當年太太告訴我她懷孕了，但在台灣我們只得自己倆口子，經過認真考慮後，我們認為對新手媽媽而言，家人和朋友的支援相當重要，因此我告訴老闆，無論香港是否有適合我的工作，我也要回到香港。這是我工作以來第一次「裸辭」，風險不可謂不大，因為家庭擔子增加了，我卻不知道自己能多快找到合適的工作。

但回首過去，我認為自己做了一個相當正確的選擇！育兒是個難能可貴的經驗，尤其我的兒子是名早產嬰，體重明顯偏低，需要

加倍用心照顧。還未找到工作的我，可以分擔妻子的辛勞。那時我一邊投資美股、一邊給兒子餵奶過夜，股市的上落，讓我在晚間可以清醒地扛下育兒的任務！在這段時間，我更回到校園，在香港科技大學修讀金融學兼讀制碩士學位。

經過大約 6 個月的「悠長假期」後，一天，我接到獵頭公司的電話，進行招聘的公司是曾經一直將我拒諸門外的滙豐！

其實在第一次離開滙豐後，我也曾幾次申請滙豐其他職位，但都一一被拒絕，想不到輾轉多年後，我能再次踏足「獅子行」，擔任該行新設置的財富管理業務亞洲區域主管。

這份理想的工作滿足了我的所有要求，不僅是香港，我還可以開展亞洲區業務，並涉足零售理財產品。那時我兼顧育兒、學業及新工作，每天的生活可謂爭分奪秒！人生最公平的事情是，我們每人都有二十四小時，關鍵是如何充分地利用時間，實現豐盛人生。

旅程縱有曲折　改變永遠不會太遲

在職場打拚了數十年，我走過許多迂迴曲折的路，從年少無知到重返校園、從酒店到時裝、從創作到金融，由香港走到台灣與美國……這些人生不同的轉折，並沒有阻礙我繼續前行，反而讓我學到更廣泛的知識和技巧，造就了我往後更長遠的發展。

我在酒店業,每日面對千百個不同背景的顧客,學懂了如何在不同場合與人打交道;在時裝設計行業,我着手把創意由零開始步步實現,學懂了構思、籌劃、溝通及團隊合作。這些軟技巧都幫助我在踏入金融界後,連結不同的部門,更加得心應手地把一些創新概念具體呈現出來,包括建立網站及手機應用程式、推出嶄新的金融產品和服務等。

「教育可改變命運」這句話一點也不錯,我人生中最大的轉捩點便是重返校園。除非是天賦過人,比如蘋果電腦的創始人喬布斯(Steve Jobs),埋首車房也能創出一片天,否則對一般人而言,透過教育來增加收入或拓展事業,相信是一條較易行的路。當然,每個人的經歷各異,讀書不一定要循序漸進或走傳統路線,也有不少人因多方面因素而未能升學,又或在工作多年後才摸清楚自己追求的目標。

人生是一個漫長的旅程,有些人從小就知道自己到底想做什麼,有些人卻在老大後才明白自己;有些人為金錢而工作,有些人則旨在興趣。不管你屬於哪一類人,如果有心改變現狀,永遠都不會太遲。有了勇於學習及改進的心態後,我們便可以透過不同的職業技能,為自己鋪設光明的前路!

人生旅程總有曲折，你會如何選擇？

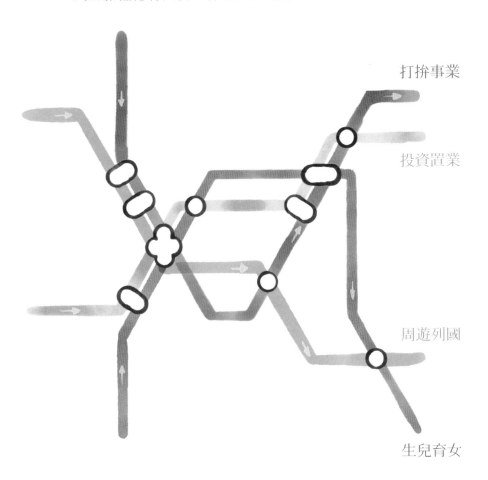

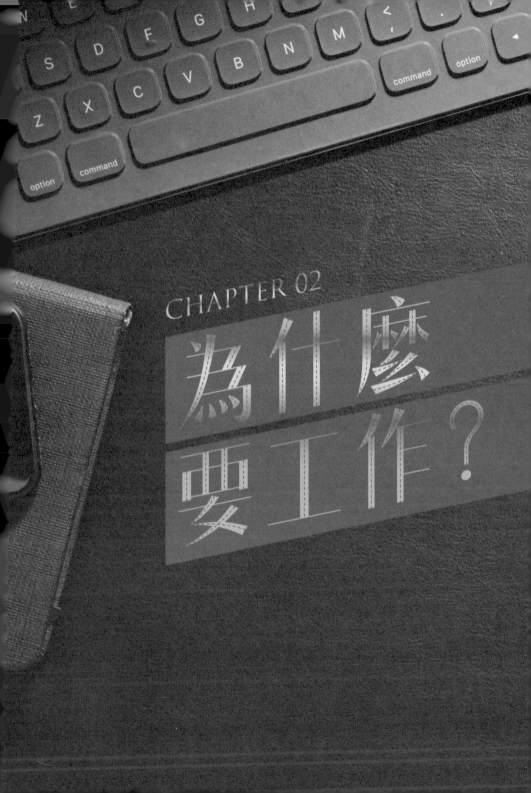

CHAPTER 02

為什麼
要工作？

CHAPTER 02

「控制你自己的命運，否則他人便會為你代勞。」

—— 美國通用電氣前董事長Jack Welch

誰能明白我

大多數人必須工作，才能解決基本的衣、食、住、行。但為什麼世上許多成功人士或者腰纏萬貫的人，每天仍然努力工作、甚至永不言休？在香港，我們有李嘉誠；在美國，則有蓋茨（Bill Gates）、朱克伯格（Mark Zuckerberg）、馬斯克（Elon Musk）等。這些知名人士根本不用擔心金錢，在商界卻仍然活躍。由此可見，工作不僅僅是為了餬口，而是能夠為人生賦予使命或意義。因此，在發展職業時，我們必須先深入了解，到底工作的真正動機是什麼。

在原始社會，人們依靠雙手種植、捕魚、打獵等，過着日出而作的生活。但現代社會不能再自給自足或「望天打卦」，我們每個人都互相依存，透過與別人分工合作，交易日常生活所需的商品和服務，甚至是非物質的需要，包括藝術、音樂及娛樂等等，如此，人才能夠過着充實的生活。

在上一本書《李財有導》中，我曾指出，不同地方各有獨特的地理特徵和氣候、天然資源、文化和政治制度，形成了不同的相對競爭優勢，例如有些國家善於生產汽車，有些則以高科技出口為主。努力發揮一己所長，以換取更豐盛的回報，便是現代經濟的基本運作。

其實職場也是如此，一個人不能完成所有工作，我們都只是社會其中一個齒輪，重點是發掘個人興趣、發揮個人能力，以及從理想與現實中作出取捨，選擇最適合自己的職業，並將成果與別人交換，從而獲取最大的回報。

對成長在普通家庭的我而言，在少年時於好些行業打滾過後，我明白到自己是時候面對現實！所以我放棄了藝術之路，只是將之當作愛好，轉而選擇了從事較有市場價值的工作。有些人會在下班後發展興趣，甚至參加義務工作，這也是在賺取生計與實現個人理想之間的另一種方式。

很多在學或剛投身社會的年輕人，或許對前路仍然一片茫然，到底自己應該從事什麼工作呢？從香港政府的數據可以看出，目前收入最高的兩大行業，分別是「公共行政、社會及個人服務」和「金融業」。若按職級計劃分，經理和專業人員僅佔勞動人口的20%。

表2.1　2021年第四季主要行業收入（每月）中位數

行業	港元
公共行政、社會及個人服務*	23,000
金融、保險、地產、專業及商用服務	20,500
建造	20,000
進出口貿易及批發	20,000
運輸、倉庫、郵政及速遞服務、資訊及通訊	20,000
製造	17,700
零售、住宿及膳食服務	15,000

數據來源：　香港政府統計處綜合住戶統計調查按季統計報告
　　　　　　2021年10月至12月

* 為撇除外籍家庭傭工後計算的相應數字

表2.2 2021年主要按職業劃分的工作人口

職業	人數	百分比(%)
輔助專業人員	698,462	19.0
服務工作及銷售	668,831	18.2
非技術	668,724	18.2
文書支援	502,599	13.7
專業人員	**412,999**	**11.2**
經理	**356,320**	**9.7**
工藝	208,755	5.7
機台及機器操作	157,870	4.3
漁農業及不能分類	6,735	0.2

數據來源：香港政府統計處2021年人口普查

要注意的是，這些數據僅供參考，讓大家對每種行業的前景及薪酬有一個基本概念，從而及早了解自己日後應朝哪方面發展。但對於何謂「理想職業」，世上並無單一定義，首要考慮條件仍然是自己的興趣及個人能力。

工作價值觀　世代大不同

世界經濟迅速發展，每個年代打工仔的心態都不同。上一代人的日子貧困得多，因此最重要是討生活，只要能上班賺取薪水養妻活兒便很滿足，很多人都未曾奢望過從事理想職業。

相比之下，千禧一代出生於較富裕的環境，物質並不匱乏，他們的工作心態也因而大為不同，例如比較重視工作環境是否充滿樂趣、與同事相處是否融洽、對公司文化是否認同等。如果答案是「否」，他們可能並不介意「裸辭」。簡而言之，相對於上一代「搵食至上」，年輕一代更重視內在價值，關心自己對社會及地球的責任。

當社會進步到一個程度，雖然滿足基本需要已不再成問題，但同時，向上流的機會卻也漸漸減少，並衍生出不同的工作態度。在日本，我們看到了M形社會的現象；在美國，近年出現了所謂的「大辭職潮」；而在中港，則有躺平一族或「佛系」青年，他們不再追求物慾，只求盡量減少工作時間，賺取些微收入，甚至依靠家人資助生活。

及至近年，隨着經濟模式出現翻天覆地的改變，在家工作漸成常態，斜槓族也乘時而起，「一份工打一世」的穩定心態已成過去，愈來愈多年輕人不願從事刻板的朝九晚五工作，改為四處打散工，一邊發展自己的興趣，一邊培養更多技能。

無論你想當一個世俗認可的成功人士、想從事收入不高卻別具意義的工作,或瀟灑地當個斜槓族,甚至只想躺平地每天玩網絡遊戲,這些都是你的個人選擇,其他人(包括家人)也不能替你決定是對或錯,只能給你建議。最重要的是為自己選擇的後果負責,不要等到為時已晚才後悔。

我對什麼東西充滿熱情？

要在事業上取得成功，我們首要問自己：我對這個工作擁有熱誠嗎？如果答不上來的話，不妨看看蘋果電腦創始人喬布斯的故事。

喬布斯創立的蘋果電腦及 iPhone，顛覆了世界的科技發展及消費市場，其成功故事相信無人不曉。但天才也曾有過失落時，關鍵是如何應對。2005年，喬布斯便曾在美國史丹福大學畢業典禮上演講，內容令我非常深刻，對年輕人也很有啟發性。

在演講中，喬布斯一共分享了3個小故事。第一個故事關於他的成長背景。在收養家庭長大的他，於美國里德學院（Reed College）時感到主修課堂十分沉悶而無心向學，此外，他也不想讓養父養母負擔昂貴的大學學費，於是在6個月後便決定輟學。退學後他迷上了書法，雖然那時他只視之為興趣，但這些書法上的心得，卻在後來啟發他在蘋果電腦 Macinoch 的軟件中，添加了許多獨特且漂亮的字體供用家使用。**所以說，世上沒有技能是一定沒有用的。**

第二個故事是關於愛與失去。喬布斯在30歲時創立了蘋果電腦，但由於商業戰略沒有達到預期效果，他被自己公司的董事會解僱。這次公開的失敗，並沒有阻止他繼續做他熱愛的事情。在這段期間，喬布斯創立了Pixar動畫工作室，帶來了一齣又一齣

膾炙人口的動畫電影。他又創立了NeXT電腦，聚焦於高等教育和商業市場，這使他有機會強勢回歸，再次領導蘋果電腦。**這個故事鼓勵人們不要因為失敗而失去信心，而是應該繼續努力，做自己熱愛的事情。**

第三個故事關於死亡。在事業巔峰的時候，醫生告訴喬布斯，他患了一種罕見的胰臟癌，生命只剩下幾個月。醫生建議喬布斯利用剩下的時間與家人相處，而他也隨即作出業務過渡的安排。豈知後來手術成功，喬布斯的癌症初步痊癒，但生病一事改變了喬布斯的人生，此後他把每一天都當作最後一天，並時刻努力改進自己。

喬布斯留給世人的名句是「Stay Hungry. Stay Foolish」，無論工作年期有多長、職位有多高，我們每天也要保持好奇心，不斷自我激勵學習新事物，這樣人生才不會枉過。

說到死亡，以往我經常跟同事分享激勵自己的方法：如果有一天我要離開這個世界，究竟墓碑上的刻字會怎樣形容我一生的事跡呢？

即是說，究竟我生命中最難忘的時刻是什麼？我如何過着不遺憾的一生？我對最愛的家人做了什麼？我最好的朋友會如何描述我？我對社會又作出了什麼貢獻？此時此刻，我希望藉着此書，將我的人生經歷為他人借鑑，啟發更多人在職場上發展得更好更

遠，減少過程中的兜兜轉轉，尋找到真正屬於自己的方向和道路。

這個「墓碑思考方式」，目的是讓大家明白自己的終極追求，如要成功達到目標，便要加倍奮鬥，繼續鞭策自己努力向前，他朝不會埋怨「早知今日，何必當初」。

衣食足方知榮辱

所謂「衣食足而知榮辱」，對於大多數人來說，人生斷不是停留在「吃飽飯」的層次那麼簡單。努力工作賺取金錢，才能助我們達成其他人生目標。

著名美國心理學家馬斯洛 (Abraham Maslow) 於1943年提出的《人類行為動機及需求層次理論》(Maslow's hierarchy of needs)，人生的需求可分為五大層次，分別是生理、安全、社會、尊重及自我實現。

人類行為動機及需求層次理論

自我實現　例：發揮潛能，實現理想

尊重需求　例：受到尊重與肯定

社會需求　例：愛情、友誼、歸屬感

安全需求　例：保護、秩序、穩定

生理需求　例：呼吸、食物、水、睡眠

馬斯洛指出，當人們滿足了最底層的基本生理需求後，自然會逐步追求更高層次的目標，而要達到愈高層次，所付出的東西和時間也就愈多。

不是所有人都知道此理論，或認為自己需要滿足所有層次。有些人在滿足基本需求後，追求的是幸福而簡單的家庭生活；有些人努力賺錢，希望為孩子提供更好教育機會或提高家庭生活水平；也有人只想專注於藝術創作，不在乎自己的傑作有沒有商業價值，甚至不介意沒有足夠金錢支付日常所需（當然這是非常極端和罕見的「藝術家性格」情況）；有的人追求更大權力及位置，盡量發揮影響力；有些人則重視更大的命題，例如地球環境與社會公義，甚至是靈性或信仰。

不管你相信什麼，這個圖表也值得參考，讓你知道自己身處哪一個層次，從而激發自我，會否願意付出更多以達到更高的目標，並有助大家於長期職業規劃中找到一些有用的方向。

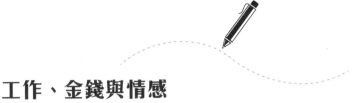

工作、金錢與情感

「沒有人是一座孤島」，人類是群居動物，工作除了是為了一己生活，背後很可能還有重要的情感因素。

我相信，情感往往是推動我們努力工作的一大動力。這裏所指的不一定是男女之間的愛情，也包涵親情、友情，甚至與寵物的情感（因為我是寵物愛好者，所以我對此有強烈感受）或其他感情。很多人辛勤一生，不一定是因為貪錢，而是希望為家人提供舒適的生活環境，尤其想好好地培育下一代，讓他們享受更優渥的成長及學習環境。早在十多年前，香港已有一種說法，指養育一個小孩要花400萬元，相信在十多年後的今年，相關開銷只會有增無減。我和太太替兒子起的名字為「毅笙」，選擇有竹字部首的「笙」，便是希望他在家庭的庇護下良好成長。

除了子女，華人社會也重視孝道，投身社會後向父母交家用是普遍現象。一項在2019年進行的調查便指出，港人給予父母每月「家用」的中位數為6000元[1]。相較之下，西方國家較常以自我照顧為先，未必有家用概念。但與此同時，西方社會通常徵收較高稅率及提供較多福利，當人們失業或生活上遇到困難時，可以申請失業救濟金或其他援助，因此他們未必明白東方人何以如此努力工作，正是因為我們有家庭負擔，同時缺乏充足的社會援助，因此更需要工作賺錢，並積穀防饑，為家庭做最好的準備。

1　永明金融，2019年「養兒防老？港人供養父母調查研究」

抓緊事業起步時

CHAPTER 03

「不患無位，患所以立；
不患莫己知，求為可知也。」

—— 孔子《論語・里仁》

要在職場上創出一番事業，「起跑線」相當關鍵，所指的不是一個人要出身富有，或擁有亮麗的大學學歷才能成功，而是指在最初工作的數年，正正是學習高峰期，當中累積到的技能與經驗，將會成為日後發展路途上的重要資產。

有些年輕人覺得自己已經工作了一兩年，升職也是順理成章。在接受上司績效檢討時，他們或者會表明，若能獲得升職機會，將更努力表現自己、為公司付出更多。其實，大多數部門主管或經理，都會基於公司的所需和長遠發展，從下屬中挑選一位處事能力更勝一籌，以及願意承擔更多工作的員工。如何能提升自己的晉升機會？職場新鮮人如能花點心思學習，認真了解自己的能力、公司的性質、行業的前景及不同企業的文化，便有更大機會贏在起跑線。

了解自己：心態決定境界

常言道：「心態決定境界」，無論閣下從事什麼職業，有一個職場上的基本特質是中外通用、恒久不變的，那就是你的心態。根據多年的職場心得，我認為態度終必帶來機會，而態度的「態」，又可分拆為「能」(力) 和「心」這兩種測量度數：「能」(力) 來自知識、經驗和技能；「心」是對工作的熱誠。一般打工一族，可以分為以下四大類，包括：1) 有心有力、2) 有心無力、3) 有力無心，及 4) 無心無力。

第一類：有心有力

對於「有心有力」員工，相信毋須多言，讀者也會同意，在這四種類型中，這個類型可望擁有最好的發展機會和回報。

第二類：有心無力

這類員工會熱心幫助別人，但可能沒有意識到自己的不足，以致不時出現所謂的「愈幫愈忙」或者「好心做壞事」。如果你老是熱心幫助公司或同事，卻往往弄巧反拙，便要問一問自己，到底自己是否屬於這一類員工。

對於這類員工來說，最重要的是提高自我意識，明白到自己是否能力有限。如果不肯定自己會否出錯，大可首先找上司或同事討論，預先檢視一下自己的方法及預期的結果，才付諸行動。

第三類：有力無心

這類員工顯然具備一定知識、經驗，有能力調動資源來支援公司、上級或同事，但有時他們卻選擇不這樣做，原因可能是他們認為這不屬於自己的責任，或嫌工作太忙，或純粹不想讓別人成功。如果他們願意付出更多時間及調整心態，那麼將有更大機會成為領導者。

第四類：無心無力

在《論語‧述而篇》中，子曰：「德之不修，學之不講，聞義不能徙，不善不能改，是吾憂也。」意指「一個人不去培養品德、不去研討學問，聽到了應當做的事沒有馬上去做，知道有錯也不去改正，是我很擔憂的事」。

孔子的格言，正正指向第四類員工，因為他們是多做多錯、少做少錯、不做不錯的人！他們的視野往往很膚淺，以為別人的成功只是僥幸；他們不關注細節，並不會自動研究如何把事情做好；他們往往把事情看得很輕易，又欠缺紀律，老是錯過工

作死線。即使做得不好，他們也懶得去改正，導致下次又犯下同樣錯誤。

工作經驗可以累積，技巧可以學習，事實上世上大部分工作都不需要由「火箭科學家」來做，但如果工作態度不正確，不單難有晉升機會，更可以摧毀個人事業。因此，我們每個人都應分析自己的工作心態及能力值，盡量客觀地了解自己有何缺點，繼而加以改善。如果你是因為不喜歡現有的工作或行業，以致出現上述的行為及態度，那麼你應該找出自己喜歡做的工作，而不是浪費時間。另外，我們也可留意身邊一起共事的人屬於哪一類，只有洞悉問題所在，才可及早尋求補救辦法。

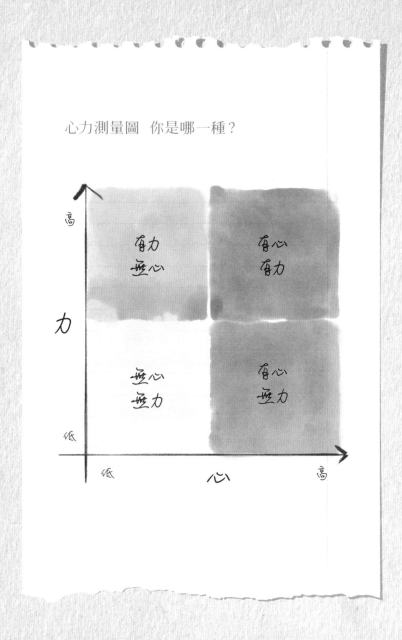

心力測量圖　你是哪一種？

了解時間：黃金10,000小時

對於職場新鮮人來說，成功的第一步，是勤力。勤力並非泛泛而談，而是有一個具體的時間。加拿大著名作家葛拉威爾（Malcolm Gladwell）在著作《異類：成功的故事》（Outliers: The Story of Success）中提出「10,000小時定律」，指一個人如要在某個領域從平凡蛻變為超凡的專家級人物，至少要經過10,000小時無間斷的反覆練習。

按每天工作8小時、一周5天計算，一般人每年的工作時間大約為2,000小時，換言之，變成專家大概需要5年到6年時間。

每種職業都有專屬技巧，例如傳媒工作者需要文筆流暢、報道真確；廚師要有熟練的烹飪技巧，懂得每一種味道等。在行業中突圍而出的人才，必然都下過苦功。開玩笑地說，如果你每天專心踢波，5年後你也有可能變成碧咸（David Beckham）。

要做碧咸當然難過登天，但現實是任何成功人士都要經過刻苦訓練才能成大器。年少時的碧咸心知自己並非腳法上乘的天才型球員，因此花了無數時間練習踢波，更在每次操練過後、同伴們都去休息之時，特意在龍門框死角架起車胎，獨自一人刻苦練射自由球，才能成為後來英格蘭的黃金右腳。

市面上不少公司會開設見習生（Trainee）職位，這個崗位獲得的好處非常多，可以輪流調派至各部門學習，在首10,000小時吸收各種核心技能及相關知識，打好紮實根基，同時熟習整家公司的運作，有助晉升或為日後的發展鋪路。

現代商業世界講求學歷，很多碩士或博士生甫畢業便擔任經理一職，但大家不要誤以為有高學歷就代表能夠勝任職位，因為即使擁有豐富的書面知識，實際卻未必及得上「紅褲子」員工熟悉公司的營運模式。其實不少行業都很看重工作根基和經驗，例如水電工程，很多師傅級人馬入行數十年，他們大多都是「紅褲子」出身，由基層做起。要做到專業或師傅級，至少要取得A級電力工程人員牌照（又稱為電工A牌），而資格考核是非常嚴格的，申請者必須受僱為電業工程人員最少5年，當中最少要有一年的電力工作實際經驗。如要考獲其他更高級的B牌或C牌，更要修讀相關課程，並累積更多年資才有資格申請。

如果你想在任何行業有長遠發展，就不能單靠些少皮毛的認知蒙混過關，否則你只會感到工作愈來愈吃力，所以倒不如真正裝備自己，汲取行業的基本技巧及了解工作流程，即使要投放10,000小時去學習，但若只佔整個職業生涯的15%至20%時間，我也認為非常合理。

有些新人在入職數年後，為求賺取多點收入，於是輕易地跳槽至另一公司。他們或許未曾想過以10,000小時打好根基的道理，無疑，當社會環境事浮於人，市場出現大量職位空缺時，打工仔

難免會蠢蠢欲動，希望跳槽加薪；然而經濟情況一旦逆轉，沒有厚實根底的人便會即時失去競爭力，隨之被市場淘汰。

所以，在職業生涯的早期階段，大家不要只是向錢看，單單因為薪水多一點就跳槽，而是應認真考慮自己在哪裏會獲得更多學習機會，可以更好發揮一己能力，那個才是合適留下來的地方。畢竟，你的老闆可以因為不同原因，例如經濟不景、業績未如理想，甚至是權力鬥爭而把你辭退掉，但知識和經驗是屬於你自己的資產，任何公司都無法將之奪走。

我的首10,000小時

別看我擔任金融機構的管理層，其實跟大家一樣，我也是由基層做起，一步一步地打穩基礎。

我的工作生涯首10,000小時主要在滙豐銀行和富達投資中度過，尤其是後者，由於當時基金管理屬於新興行業，營商環境瞬息萬變，我每天都要閱讀大量資訊、密切觀察市況，我需要將自己在課堂所學應用在工作上，並經常接聽查詢電話，為顧客作出深入淺出的分析，以及向合作夥伴（如銀行）提供相關資訊和培訓等。

在美國鹽湖城接受培訓期間，我學習到電話行銷的技巧，每天平均需要接聽70個至100個來電，解答客人的查詢，對話過程有長有短，內容繁簡參半。久而久之，我習慣了跟各式各樣的顧客溝

通。累積了六七年工作經驗後,我獲晉升為部門主管,除了要處理有關經濟、基金及股票投資等主要業務工作外,還要聘請及培訓新一批接線員工。其後隨着公司規模日漸擴大,建立了電話諮詢中心,當初的電話行銷培訓便大派用場。

富達素來重視顧客的滿意度,因此特別採用電腦及電話系統綜合伺服器,監測及審視每個來電查詢,以衡量來電者的等候時間,及多少人因沒有被接聽而掛線等。因此,我們要求員工在電話響鬧3次之內便要接聽,又要求所有輪候電話的成功接駁率達至九成半以上。

如要達成以上指標,我需深入了解電腦及電話系統的所有功能、管理同事的接聽手法,以及制訂相關的工作指引。舉例說,如電腦顯示有極多輪候來電時,同事便要言簡意賅,省略多餘說話;而當市場淡靜下來,少了來電查詢時,我也需涉足一些市場推廣工作,例如將設立第一章曾提及的語音系統,又與設計公司合作創作宣傳單張等,一點一滴地在不同範疇累積經驗。

富達投資亞洲分部成立之初,由於人手不多,有時候我會獲派到英國倫敦的總部開會,學習他們在當地經營業務的手法,以及交流有關基金買賣、客戶記賬系統的資訊等,接觸的工作範疇頗為廣泛。相比之下,現今基金管理行業的發展已趨成熟,部門之間分工仔細,一人身兼數職的情況買少見少。

你的首 10,000 小時，應如何度過？

了解公司：為何我要聘用你？

每位剛從大學畢業的年輕人缺乏工作經驗，他們在面試過程中的對答內容、具備的相關知識及技能都相差不遠，那麼面試官如何在芸芸應徵者當中聘請最適合、最具潛力的人選呢？

能否進入自己心儀的企業，視乎你在求職過程中有沒有發揮出卓越的表現，讓你脫穎而出，擊敗其他應徵對手，因此事前準備工夫及面試過程相當重要。一般的求職技巧，包括首先搜集應徵公司及職位的背景資料，其次是裝備好自己，例如自己是否具有該職位的相關經驗和技能、如何處理工作上的挑戰等，並要設想面試官會提出什麼問題，準備言之有物的答案，好讓自己在面試過程中對答如流，提升印象分。

分享一個真實例子，從2022年初開始，我在香港中文大學當兼職講師，希望可以把財富管理行業的經驗分享給更多年輕人，碰巧有朋友正在招人，她是美國一家著名私人銀行的招聘負責人，於是問我有沒有優秀學生可以推薦。

短短一天之內，我便收到了超過10份申請表。當時我向每名申請的學生問了同一個問題：「為何這家公司應該選擇你？」結果回答都千篇一律，例如他們擁有商業或金融學位、之前曾當過金融相關的暑期工作、對股票投資及財富管理感興趣等。

這些學生都是從自己的角度說話，而不是從這家招聘公司的角度說話。所以，我建議他們應先做一些研究，了解私人銀行的業務到底是什麼、這家公司的背景和文化是什麼，以及他們的背景和經驗如何為該公司作出良好貢獻等。

求職面試是公司選人才的機會，也是人才選公司的機會。我曾多次擔任面試官接見應徵者，發覺在這個世代，很多應徵者反過來期望面試官說服自己「為什麼我要打這份工」，例如要求對方解釋公司的前景有多正面、薪酬福利有多好等，卻未有帶出他們可以為公司作出什麼樣的貢獻。

我也發覺許多應徵者的答案只屬一般水平，反映他們沒有做足準備工夫，再加上他們沒有實質工作經驗，試問對方如何能給予機會？

其實面試就是第一次推銷自己的珍貴機會，在職場的路途上，我們會有很多次推銷自己的機會，抓住每次機會爭取上司及同事的認同，才能扶搖直上。同一道理，如果我們有意升職，但只是向上司承諾「升職後我會做得更好」，這些口頭說話是沒有意義的。最重要的，是要展示出自己對公司政策的認知、對關鍵成果的貢獻、對以往一些挑戰的克服能力及其領導能力。往績才是成功的關鍵！你必須讓管理層知道，自己充分了解新角色的挑戰和機遇，並會以哪些方案來克服挑戰、實現機會，以及你需要團隊和管理層提供什麼資源和支持。

我求職失敗的經驗

如前所述,我在求職的路上曾多次被拒絕,後來我鼓起勇氣寫信
給滙豐銀行主席,才邁出了改變人生的第一步。羅馬哲學家塞內
卡（Seneca）講過:「運氣就是當準備遇到機會時發生的事情。」
所以我相信,準備好工作的面試,絕對是成功的關鍵。

了解行業：終身學習

長江後浪推前浪是必然定律，即使你今天擁有淵博學識，又或擁有豐富的職場經驗，難保他日都會被時代淘汰。英國著名學者培根爵士（Sir Francis Bacon）在著作《神聖的冥想》中的名言是：「知識就是力量」。終身學習的態度，對於有些年資的人尤其重要。因為當累積了一定工作經驗後，你可能感到自己需要轉到其他地方學習新知識，又或希望攀上更高職位卻遇上瓶頸位，這時或許正是進修彌補不足的時機。

不論對個人或企業而言，停止學習都是大忌。打個比喻，你認為自己身處的行業，在10年或20年後的前景將會如何？

須知道如今新冒起的技術正在顛覆各行各業，甚至改寫商業世界的經營方式。比如成立只有短短18年的特斯拉（Tesla），其市值已突破了1.11萬億美元，成為全球最大的汽車公司，其規模更是老牌車廠——通用汽車的近18倍；至於電商亞馬遜（Amazon），則由在線書店發展到如今的線上商店巨無霸，貨品應有盡有，市值也增至超過1.66萬億美元，是美國最大零售商沃爾瑪的4倍[1]。如果行業的前景備受威脅，無論你的表現有多出色，可能都難逃要轉型的命運。

1　資料來源：彭博，截至2022年3月31日

所以我們一定要抱着終身學習的態度，愈吸收更多知識，你便能累積更多本錢，也會更清楚行業的發展前景，從而追得上這個瞬息萬變的世界。

那麼應該怎樣進修呢？我們傳統的教育方式，是由小學、中學乃至大學，一層一層地吸收知識，好讓一個人在完成課程後投身社會；各大教育機構，也提供不少成人修讀的課程或學士後（Postgraduate）文憑。

但現今的世界科技發達，學習新事物的渠道不再限於學堂，學習時間也靈活得多。只要在谷歌（Google）、百度搜尋一下，便有成千上萬的資訊供你參考，如今我們更可透過互聯網，參加哈佛、麻省理工、劍橋及牛津等一流大學的免費在線課程。**所以，不管你的背景如何，不要給自己找藉口，說沒有時間和機會學習。**

因此我們不一定要以舊有的教育方式學習。無論你選擇的是哪一種方式，都沒有對錯之分，最重要的是不要每日望天打卦、原地踏步，被動地等候他人指點，否則當有一天驚覺自己落後時代，已經太遲。

我的進修經歷

我是個「半途出家」的金融人，本來在時裝界打滾的我，後來決心修讀經濟學，這才改變了一生的路。而在加拿大攻讀大學學士

學位後,本來有兩家大學都收錄我讀碩士學位,但當年我希望先回港找工作汲取實際經驗,最後放棄了繼續升學的機會。

儘管如此,我一直明白到自己有所不足,因此在工作十多年後,便趁着離職的空檔報讀香港科技大學的金融學碩士學位課程,希望可以更深入地了解行業發展,以及為未來的工作增加籌碼,同時我也覺得,取得更高學歷是對自己的肯定。

回顧過去,我正正是透過教育提升職業發展的例子。從酒店服務員到財富管理業務負責人,我深深體會到教育改變了我的一生,相信你也可以!

你需要進修哪些技能？
你身處的行業在未來的發展將會如何？

個人

你擔當什麼職位？

_____

_____

有什麼職責？

_____

_____

行業

行業發展前景有何趨勢與挑戰？

_____

_____

你可做什麼準備來迎戰？

_____

_____

了解文化：東西文化大不同

東西方職場文化大相逕庭，亞洲人着重輩份，長幼有序，有時員工不敢開罪老闆或在大庭廣眾落上級的面子，因此不願在會議中發表任何意見，就算有不滿也只會默不作聲，反而在背後跟同事傾訴。假若你對公司政策心存不滿，又想由衷為公司及自己的前途着想，你應該尋找一個恰當的渠道及時機，向公司提出有建設性的回應。

相反，如員工不認同公司的施政方針，或對之不聞不問，因而不在工作上全力配合，每件事都做得勉勉強強，結果只會導致公司發展停滯不前。由於東方人對階級觀念很重，會產生人微言輕的錯覺，其實很多公司都非常重視每位員工的價值及意見，若然你提出的意見是管理層未曾有過的想法，且又符合事實的話，他們也許會因而賞識你，為你製造晉升的機會。

西方思想觀念主張人人平等，即使對父母、長輩抑或老闆，都會互相直呼其名，對話時亦不會用敬語。因此在西方的商業世界，工作文化是對事不對人，不會認為某人的職位高就說了算，不管你擔任什麼職位，只要提出具建設性的意見，兼有數據支持自己的說法，都有機會被採納。因此，你可能會注意到，在外資公司，即使兩名員工在會議中激烈地辯論，但下班後仍可保持友好。因為當中的關鍵不是誰對誰錯，而是透過討論，才能把事情做好。

我向老闆提出的意見

我在加入富達投資後不久，便適逢老闆東來巡視業務。在業務審查會議中，主席約翰遜批評亞洲投資者偏重投機，只熱中短炒買賣。當時仍屬新人一名的我，卻不畏權力向他解釋。當時我點出，與成熟市場相比，亞洲股市尚在發展初階，市況波動較大實屬正常；此外，香港與美國市場不同，出售投資後的利潤不用徵收資本利得稅。因此，香港投資者傾向於在股價快速上漲後套現，而當感覺到下行風險突然增加時，也會趨向規避風險。在我一番解釋之後，約翰遜未有不滿，反而感謝我給了他一個以前沒有聽到的觀點，有助他理解亞洲投資者行為背後的原因。

根據我多年的觀察和經驗，亞洲和西方企業文化的另一個重要區別，是對情、理、法的考慮。前者的順序是情、理、法；後者則是法、理、情。在很多業務中，我注意到傳統的亞洲公司首先從關係密切的老同學或生意夥伴開始，然後是找出合理的互利機會，最後是合法性安排。相反，西方公司從雙方的法律責任開始（特別是賠償和終止條款），然後是相互的業務條款是否合理，最後是與對方的關係。所以，在西方的企業文化，只要條件有利，即使是敵人也能達成交易！

了解資本：私營vs上市公司

我曾分別在私營及上市公司打拚數十載，發覺兩者之間亦存在頗大文化差異。身為員工，必須明白公司的架構，才會更懂得自處。

以富達投資為例，它屬於私人公司，由創辦人及管理層全資擁有，因此公司在推行營運理念及長期政策不會有任何束縛。例如當經濟不景氣，失業或轉職率高企，往往會趁機聘請更好的人才，希望待到經濟好轉時，可以先走一步拋離其他對手。

相反，一般上市公司需要定期向外界公布季度業績，經常要擔心短期內的賺蝕問題。當處於經濟衰退時期，管理層擔心業績下滑，投資亦會變得謹慎，為了紓緩來自股東們的巨大壓力，甚至會追求短期利益，犧牲一些長遠發展機會。

時至今日，仍然有不少成功的公司屬於家族私人生意，或由家族成員控制，例如香港的華懋集團，或美國的化工巨擘Koch Industry；至於科技巨企，則多數是上市公司，且往往聘請了職業管理層，例如谷歌、微軟（Microsoft）等，甚少見到家族的身影。

我的私人公司老闆

私人公司的營運模式比較靈活，也很貼地，創辦人更喜歡事事親力親為。我想在此分享一些有趣的小故事，有次富達投資創辦人後代約翰遜到亞洲巡視業務，剛巧遇着新辦公室搬遷，當他找總經理傾談時，突然查問裝修一個門鉸花了多少錢，總經理聽見時當場表現得很驚愕，未曾想過老闆連這些細微的事件都十分關心。又，每當約翰遜到台灣，我們並非出入高級酒店，而是經常到平民餐廳吃飯，因為他認為公司是屬於大家的生意，要善用一分一毫，謹守「應使則使」的審慎原則，不似上市公司高層般隨意「開公數」。

八大核心軟技巧

毋庸置疑，每份職業都有獨特的工作性質，但有一些工作技巧，卻是放諸四海皆適用的。以下是我在工作多年後歸納出的八大職場技巧，希望有助大家在事業發展時一帆風順。

i. 做出120% 成績

當接受任何一個任務時，保持一種「值得嘗試更多」的態度，意思是額外完成更多、更新的工作，做出比上司期望的120%成績，這裏所指的不一定是時間，也可以是工作的質素或成果。且讓我舉兩個例子，說明為什麼超額完成目標如此重要。

我曾經要負責整個亞洲區域的業務，涵蓋區內共10個市場。在每年的業務規劃中，我必須根據當時的經營環境，與每個國家的負責人商定明年的業務目標。然而，每年下來，總會有些市場落後目標。所以，為了實現整體的區域目標，最好有一些市場能超配完成，以彌補其他市場的差距。那麼，猜猜哪一些市場會獲得更多獎金和更好的晉升機會？當然是那些交出120%的市場！

另一個比較個人的例子，是關於我做運動的作風。由於我體型比較瘦，有些人會驚訝於我經常在健身房做舉重運動！對於在舉重（或馬拉松等運動）方面有類似經驗的人來說，可能知道教練總是

在你認為自己已達極限後，會要求你再做幾次最後的推舉（或多跑一公里）。因為他們知道，這額外的一推或一公里，將幫助你跳出舒適圈，盡量發揮潛力。

所以不用找藉口了，你需要瞄準更高的目標。

ii. 持續改進和創新

現代科技發達，追求創新，若要提升自己或公司的競爭力，必然要想得更多、做得更多，才可做出破舊立新的產品和服務。

創新和顛覆性商業戰略，側重於以全新的方式向客戶提供更好的產品或服務。如果你只懂墨守成規，常把「一向都是這樣做」這句話掛在嘴邊，只會落得被淘汰的下場。例如蘋果iPhone奪去了諾基亞（Nokia）和愛立信（Ericsson）的手機領導地位、亞馬遜和淘寶改變了我們的購物習慣、特斯拉則顛覆了整個世界對電動車的看法。

這些顛覆性的商業理念不僅使客戶受益，還為員工創造了令人興奮的工作機會和非常吸引的工資回報。但可以肯定的是，這些公司只會聘用同樣具有創造力、顛覆性思維並願意持續改進的員工。

改善，不一定是要進行徹底的革命，有時廣泛地改善一些日常
工作細節，也可以帶來驚人的整體效果。舉例說，富達投資提
倡一種日式概念——Kaizen（改善），意思是「變得更好」或「持
續改進」。公司會為接聽查詢電話的員工作評估，如發現員工的
數字發音不準確，那麼該同事只需專注把數字讀得慢一點及清
楚一些便行，每天跟客戶的溝通，都是員工反覆練習的機會。
假若每個員工都有些小改變，一間數千人的公司，合起來便會
獲得非凡進步。

iii. 加強銷售和溝通

有人可能對「銷售」抱負面的看法，卻沒有察覺到，身處商業世
界，無論你的職銜是不是銷售員，你每日也是在推銷自己。

無論身處任何部門，當你需要其他部門或上級的資源，你都要說
服別人，即使游說的目的是為了將大家的看法變成一致，這都是
推銷的一種。

銷售和溝通技能絕對是職場上一個重要元素，我曾經閱讀過一本
書籍，內容大致上指每一盤生意都是「Show Business」，雖然
做生意不是娛樂，但歸根究柢也是作秀，意思是要吸引他人。喬
布斯當年的產品發布會，吸引全球蘋果迷注視；畢非德（Warren
Buffett）在巴郡（Berkshire Hathaway）股東大會上會與股東打
球、吃冰淇淋；馬克斯更不用說，他除了是個發明天才，也是個
一流推銷員，勤於在社交媒體上推銷自己的想法。

銷售可分為兩種，第一種是用各種方式說服客戶購買產品或服務，另一種是積極傾聽客戶意見，並提供方案滿足他們的需求。前者有點過時，也太過自我中心；後者是諮詢式銷售，根據客戶需要，為他們提供選項和建議。

重要的銷售技巧，是以清晰簡潔的語言來吸引客戶的注意力，關鍵不在於產品（或服務）的功能，而是對客戶（或同事，如果這是一個商業理念）而言，這些產品對他們有何好處，他們在使用這些產品時又有何體驗。

無論你想銷售的是產品、服務還是創意，傾聽和觀察聽眾的反應是相當重要的。在向客戶銷售產品之前，你不僅要充分了解自己的產品，也要讓自己站在客戶的立場上，說服自己是否願意使用該產品。

iv. 善於與人協作

人不能獨自完成所有工作。我曾經遇過有高級職員認為下線同事把工作做得不夠好，寧可獨自完成，也不願花少許時間，向相關同事解釋問題的原因及檢討可改善的方案。在工作上，有不少項目也需要多個部門共同合作，但基於部門之間各自為政，欠缺溝通，最後的結果並不理想。

協作技巧是很重要的，每個人如可放下成見，不介懷誰人有最大話語權，抑或誰人會搶奪自己的功勞，將能達到目標。相反，如

果你一直懷有這種心態，只會對自己的工作造成各種障礙，最終後果就是一事無成。

v. 有效管理時間

每個人只有一個腦、一對手，工作卻永遠都做不完，因此要懂得管理時間，最理想是花最少力氣，換來最大效果，這就叫做「80/20法則」。為了提高工作效率，我們做事要權衡輕重。我觀察到很多員工會在「緊急」事務上花費大量時間，沒有時間處理真正重要的事務，他們甚至可能不會質疑為何自己認為這些工作屬於緊急。在很多情況下，有這麼多「緊急」事情的根本原因，正正是因為重要的事情未有解決，才招致要花時間不斷地「救火」。

所謂「80/20法則」，是指在原因和結果、努力和收穫之間，普遍存在着不對等的關係，譬如80%的工作成果由20%的員工生產出來。因此，當你面前有一大堆工作時，應該先分清輕重，把時間用在更有意義的工作上。我相信大家都試過開一整天會議，但大多數時間卻在談論與工作領域無關的項目。因此，為了更有效地利用時間，設定明確的會議目標，讓與會人員順利參加討論是很重要的。

「80/20法則」的另一種演繹，是80%的利潤往往來自20%的客戶。因此，找出這20%的潛在客戶，並了解他們的特徵，將有助我們工作得更有效順暢。

vi 提升組織技能

公司請人,目的是希望他們協助公司解決問題,而非帶來更多問題。當員工遇到困難時,老闆或上司希望他們不只是指出問題所在,而是將問題重新組織,連同數個解決方案一併提出,讓自己可在短時間內選出最佳的處理方法。這種擁有較強組織力及解難能力的員工可以為管理層省下不少煩惱,因此深得老闆或上司歡喜。

我發現有很多人在召開會議時,事前並沒有準備任何議程,純粹為討論而討論,這只會浪費眾人的時間,沒有得出任何結果。最有效的方法(尤其是涉及至關重要的決策),是負責同事在會議前向相關人士作出游說,嘗試先得到他們的支持,或探取對方的口風,了解他們的想法及疑慮,並預先制定相應的對策,好讓在會議過程中取得預期的結果。

vii. 隨機「執生」

適者生存,「執生」可謂最易,亦是最難的職場技能,視乎你懂不懂得將工作及人生經驗融會貫通,創造出最準確的個人判斷力及執行力。只有深諳「執生」之道,才能在任何惡劣環境或高效能社會中穩佔一席位。

何謂「執生」?執生即是適應力,即使你準備了一份詳細的工作方案,並按部就班地執行,過程中也不時會出現意外,小小的岔

子足以破壞全盤計劃，或會影響你在公司的前途，此刻沒有人會告訴你如何正確解決問題，你要憑過往經驗和隨機應變能力將問題立即改正，讓一切事情重回正軌。

舉例說，在整個職業生涯中，我經常要使用電腦和投影機進行投資研討會或培訓。有一次，當我向數百名與會者演講時，電腦突然壞了，無法在屏幕上顯示圖表和內容！由於我沒有把演講文稿副本打印出來，所以當技術人員忙於解決電腦技術問題時，我一度感到非常恐慌和尷尬。在那之後，我養成了一個習慣：每次演講前，我都會打印出演講文稿的副本，以應付任何突發情況。

當然，不是人人都要在工作中演講，這只是一個參考例子。很多時候，你能不能夠在一間公司生存並佔據優勢，就視乎你能否及時作出改變，配合公司的政策或洞悉同事的要求，盡力去完成每一件事情。沒有人天生就會這些技巧，從錯誤和解決問題中學習是每個人必經之路。

viii. 擁抱正向思維

在瞬息萬變的世界和競爭激烈的商業環境中，唯一不會改變的就是變化。誰會想到新冠疫情對全球經濟及企業會造成這麼長時間的影響？資訊科技的進步，法規、客戶偏好和期望的變化，一方面為公司和員工帶來了重大挑戰，另一方面，嶄新的經營模式則趁機冒起。對很多人來說，要適應的事情好像愈來愈多，也愈來

愈難！但你也可以正面擁抱變革，將挑戰轉化為機會和優勢，而當中的關鍵是心態。

半杯水總是可以被形容為半滿或半空。心態積極的人在處理問題時，會立即找出問題所在、如何從錯誤中汲取教訓並防止問題再次發生；相反，心態消極的人，老是埋怨自己是那個需要處理問題的倒霉人，又或者埋怨別人、期望他人替自己解決問題等。記住，工作的存在是因為有問題要解決。例如，有人身在街上時感到肚子餓了，餐廳的概念才會出現；有人想長途跋涉前往他方，汽車、飛機等工具於是應運而生；你在公司的角色，也是因為要使業務翻倍、或確保推廣宣傳成功、或把關法律事宜等。如果公司由始至終都運作順暢、業務增長又很理想，那麼公司為何要聘用你呢？

當我在2006年加入滙豐銀行擔任新成立的亞洲財富管理業務區域主管時，我的任務是難以置信地「簡單」——把本已相當可觀的業務收入翻一倍。在過程中，我需與團隊一起分析潛在的增長領域，需要的銷售、營銷、營運和技術投資（及花費），並交出一個數以年計的執行計劃。在達標之後，團隊為了無間合作而大事慶祝。不論是收入回報、與同事的友誼和工作滿意度而言，那無疑是我職業生涯中收穫最大的時期之一。

如果世界上沒有問題，我們就沒有工作可做！所以，當工作圓滿達標，不妨嘗試去欣賞外邊明媚的藍天，辦公室附近公園裏五顏六色的小花，及感受同事對你的支持。

了解自己的技能評分

i.　120%成績	v.　管理時間
ii.　持續改進和創新	vi.　組織技能
iii.　加強銷售和溝通	vii.　應變能力
iv.　與人協作	viii. 正向思維

	1	2	3	4	5	6	7	8	9	10
i										
ii										
iii										
iv										
v										
vi										
vii										
viii										

你的總分是＝　　　　　／80

CHAPTER 04

領導者
的
基因

CHAPTER 04

太上，下知有之；其次，親而譽之；其次，
畏之；其次，侮之。信不足焉，有不信焉。
悠兮其貴言。功成事遂，百姓皆謂：「我自然。」

——老子《道德經》

意謂最好的領袖，團隊只知道他的存在；次一等的話，團隊會親近並讚美他；再次一等，是團隊畏懼他；而最下等的，是團隊輕侮他的存在。

若領袖誠信不足，團隊自然不會相信他。好的領袖不會經常發號施令，眼見一切事情運作順遂，團隊以為都是自然而然的。

三大關鍵利益相關者

職場新鮮人經過一些時日與奮鬥，再加上一點點幸運，也會漸漸來到職場中層位置，例如是小組的組長、團隊的經理等。擁有八大軟性技巧的人，向上爬的速度相信會比其他人快一點，但當我們到了一定的位置之後，單是靠軟性技巧來「做好份工」已經不足夠。

要當一個成功的領袖，視野要更加開揚廣闊，當中最重要的是，要明白主要的工作對象——客戶、員工及股東。透徹了解這三大利益關係者及其取態之轉變，我們才知道自己該扮演什麼角色、該做什麼事。

客戶：你賣什麼產品給什麼人？

老一輩的生意人，或許只有一個單純的想法，就是「做到生意便可，客戶是什麼人也沒有所謂」，但在這個物資豐盛的時代，個人選擇甚多，為何客戶要選擇你的產品或服務？

面對激烈的市場競爭環境，對一家公司來說，顧客定位非常重要。沒有企業能夠做全世界數十億人的生意，所以一個領袖要真正了解目標客戶群及其需要，發掘足以影響消費者購買意欲的獨

特產品或服務，掌握最有效的銷售形式及渠道。簡而言之，就是「你想賣產品給什麼人，及應該用什麼方法」。

例如，電動車跟燃油車同樣是交通工具，但兩者的能量來源截然不同，其消費者定位當然也不一樣。由於充電裝置未如油站那樣隨處可見，所以電動車針對的是家中或屋苑停車場設有充電裝置的用家。

再舉一個例子，一間財富管理服務公司在黃金地段租下店舖，同時聘請多名經理管理業務，在如此高昂成本下，他們的服務對象應該是富裕人士。如果捉錯用神，主力銷售購買力較低的客戶或剛投身社會的年輕人，即使員工落力做生意，也未必能達到收支平衡。

為了有效地把產品和服務推廣至目標客戶，不少公司都利用網上工具收集客戶的消費行為及個人資訊，然後交由大數據分析。當消費者再次連接網絡，系統會根據其背景提供最適合的相關銷售資訊。

員工：你如何留住員工？

員工在企業的地位一向不高，正如一代笑匠差利卓別靈的電影，便反映了二十世紀資本主義體制下的工人階級如何被企業家壓

榨。不過隨着時代改變，現代社會已不容許企業單純為了圖利
而剝削員工。基於監管制度及社會風氣之轉變，管理層漸漸會
把ESG（Environment · 環境、Social · 社會及Governance ·
管治）因素納入其營運準則之中，目的是建立一個更加美好的社
會。ESG當中的S，指的正是社會因素，例如勞工權益與保障、
性別多元及公平發展等。

差利卓別靈的電影反映了二十世紀
資本主義體制下工人階級被壓榨。
圖為電影 A Dog's Life 劇照。

員工是企業的寶貴資產，他們的貢獻對企業的成功舉足輕重，好領袖應該營造一個能夠讓員工感到受尊重的工作環境，時刻了解他們的需要，從而培養良好而友善的工作氣氛，這對服務性行業尤其重要，若然員工對公司充滿歸屬感，便會全心全意地投入工作，他的熱誠及能量也會感染到身邊的同事或顧客，達到三贏局面。

此外，領袖必須尊重員工的「工作與生活平衡」，及他們所重視的事情。你得接受一點，就是公司內不會個個也是精英，總會有些人的表現特別落力，希望能升職加薪；也總會有些人只想擁有一份固定的工作，過着簡單的生活，下班後可以照顧家人，不希望在公餘時間受到同事或上司打擾。

由於每個人對工作的要求及期望有異，領袖必須與員工互相理解及溝通，彼此達到共識，做到堅定（Firm）、公平（Fair）及友善（Friendly）的三大原則：用最友善親和的方式向員工說明要求，並提供清晰而堅定的工作指引，同時訂立公平的賞罰制度，按員工所付出的努力和貢獻而作出相應的回報。

受到疫情的影響，很多行業的工作模式出現重大轉變。領袖要多變通，按員工的需要提供更大的工作靈活性，並實行最適合、最能互相配合的運作方式，例如安排彈性在家工作，讓有需要的同事同時兼顧家庭，使他們對公司更有歸屬感。

當然，職場並非遊樂場或幼稚園，員工或部門之間出現良性競爭是必要的。身為領袖，你不是要員工們鬥個你死我活，而是令他們互相溝通、合作及激勵，以及清晰地衡量結果（即懂得判斷事情的好與壞）。雖然每次結果未必符合預期，但重點是讓團隊成員從過程中了解問題所在，從錯誤中學習和改善，明白自己的職能及要履行的責任。

股東：你如何向股東交代？

傳統觀念認為，企業的目標是把盈利最大化，而股東投資也只是為了賺錢。其實現今股東的要求比過往複雜得多，他們除了要求公司賺錢，同時也希望拓展社會責任，即在上一節提到的ESG，例如監察工廠在生產時不可污染環境，要求公司為員工提供公平的權益及制度等。

一般的上市公司的股東構成相當多元，除了是創辦人（或其家族）及一些散戶投資者之外，最大部分是機構投資者，包括國家主權基金、退休基金及私人市場的基金公司等，亦即所謂的「大戶」。過去，大戶往往屬於「被動式」的投資者，性質上類似認購一間企業的債券，不會牽涉或影響企業的日常運作，若對企業不滿，可以隨時賣掉。

但隨着追求普世價值、關注社會及環境的人愈來愈多，現時許多大戶都會將ESG納入其投資過程中，監督企業的行為。有需要時，大戶更會透過手頭上的代理人票，在股東大會對企業投下反對一票，以推進企業發展符合他們的期望。

近年市場上更湧現了一批「維權投資者」（Activist Investor），代表人物有美國富豪伊坎（Carl Icahn），他的做法是尋找一些策略失當的公司，悄悄吸納其股份，然後公開要求公司作出改革，包括分拆業務、回購股份，甚至派員加入董事局等，目的是釋放公司盈利潛力。最近伊坎便因不滿連鎖快餐店麥當勞使用以鐵籠飼養的豬隻作食材，爭取提名兩名董事進入麥當勞董事局，以取得話語權。

身為企業的管理層之一，你要懂得自己所屬公司的股東究竟是什麼人，了解股東的做事作風及營運目標，才能令下屬跟隨而行。

表4.1   企業三大關鍵利益相關者

	客戶	員工	股東
舊有觀念	盡量取悅所有客戶	控制成本為先，員工待遇為其次	以盈利最大化為本，並與股東分享盈利
現今趨勢	識別目標客戶群 優點： 針對性地將資源集中運用	視員工為寶貴資產，盡量挽留 優點： 令員工感覺正面，可感染同事與客戶	賺錢以外，與股東價值觀一致 優點： 賺錢之餘，兼顧社會價值

波士與領袖之分別

漸漸升至管理層的你，會不會以「波士」自居？又，你可曾認真思考過自己的真正權力與責任？若然只是名牌上換了職位名稱，並不代表你是個真真正正的領袖。那麼，「波士」與「領袖」的分別是什麼呢？

簡而言之，波士只是一個代理人，公司賦予職權給你去做事。在這個正式權力下，你具有固定的影響範圍，例如有權聘請或開除員工、審批工作項目等。

問題是，如果你的實際工作能力不足，例如不能夠給共事者一個肯定及清晰的工作方向，又或者管理風格混亂，那麼下屬可能只是礙於權力高低而在你面前俯首稱臣，卻不是真正的尊敬你，結果是很多工作都不能順暢而行。

領袖則不同，他不一定要擁有實際的職銜，甚至不必是公司的骨幹，但即使是一個小職員，只要他有能力凝聚周邊的同事、只要他的意見廣為同事所接納，那麼他便有成為領袖的潛能。所以說，領導不光是自己說了便是，而是要憑個人實力獲取眾人認同，才能帶領團隊向前發展，讓同事心甘情願追隨你、聽從你的指示。

波士VS領袖，你是哪一種？

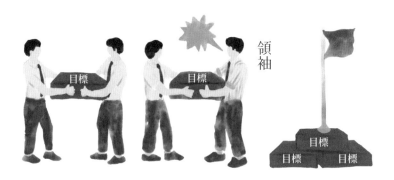

波士VS領袖，你是哪一種？

波士			領袖
☐ 依賴權威		講求信譽	☐
☐ 以「我」自居		標榜「我們」	☐
☐ 望而生畏		注入動力	☐
☐ 只管問責		指引方向	☐
☐ 忽略栽培		用心栽培	☐
☐ 獨攬功勞		感謝團隊	☐
☐ 命令下屬		徵詢下屬	☐
☐ 差遣他人		共同承擔	☐
☐ 目光短淺		高瞻遠矚	☐
☐ 單向溝通		善於溝通	☐

在政治學，所謂「權力」的定義並不因為一個人擔任高職位，而是他有沒有影響力。中國已故領導人鄧小平，其實一生從未出任國家主席或中共總書記[1]，卸任軍委主席後亦只繼續掛上中國橋牌協會榮譽主席名銜[2]，但他在八九十年代仍被視為中國最具影響力的領袖。

要真正成為一位具影響力的領袖，你要懂得善用溝通工具及談判能力、明白自己能影響哪些部門（例如團隊成員、部門同事，以至其他工作夥伴），讓他們從你身上看到遠見和承擔，從而跟你並肩工作。

舉例說，如果你被委任負責統籌一個大型項目，必須要跟其他部門合作才能順利完成。在既有工作架構的限制下，其他部門可能沒有責任主動向你滙報工作進度及結果，但你又不能越權要求他們跟足你的指示做事。在如此環境下，你要懂得如何跨部門溝通，尊重及了解同事的想法，同時讓他們明白你的要求。如果你沒有這種影響力，人家未必願意和你合作，項目的結果也不會理想。

1　鄧小平長期任中央軍委主席，儘管從無擔任國家元首，仍被視為最高領導人，直至1989年卸任軍委主席為止。

2　鄧小平由1988年7月起擔任中國橋牌協會榮譽主席（http://dangshi.people.com.cn/BIG5/n1/2017/0424/c85037-29230927.html）

執行技巧七部曲

無論一個領袖的眼界有多寬闊,說話有多動聽,總不能流於空談。能否成功帶領一間商業機構創造佳績,相當視乎領袖的執行力。在職業生涯中,我曾帶領過不少跨國公司,管理過遍布亞洲、多達幾百人的團隊,以下我根據自己多年經驗總結出「執行技巧七部曲」,希望能幫助你提升管理成效。

第1部曲:制定戰略

要從激烈的市場競爭中脫穎而出,領袖必須把目光放遠,主動制定具前瞻性的發展政策。經營業務猶如與別人下棋對壘,先了解及分析未來大趨勢,然後在每一步棋預測對手的動向,以及在必要時懂得扭轉戰局。

第2部曲：設定目標

每件事都有其時間性，無論是短期抑或長遠目標，我們都應清楚地訂立一個可行的限期，否則下屬將會無所適從，甚至弄錯了工作的先後重要次序，最後因小失大。

借鑑大企業的經驗，例如美國網絡串流影片供應商Netflix或中國電子商務線上交易平台阿里巴巴，它們為了持續在極短時間內推出新產品或服務，都會把每項工作拆細，這樣才能擊敗眾多競爭對手，繼續保持市場的佔有率及維持現有的業務發展。

第3部曲：規劃部署

當訂立清晰目標後，下一步就是構思部署計劃，向各部門詳細講解執行有關政策的細節，加強部門之間的協調，並確保彼此的工作不會重疊。

第4部曲：分配資源

為求計劃達到目標，領袖必須確保人手及資源分配得宜，並與有關方面進行緊密溝通，為各部門安排各項工作優先順序，讓他們各盡其職，有效地工作。

第5部曲：主動溝通

由於領導不是獨力行事，而是要靠團隊齊心合力，所以溝通能力相當重要。當訂立工作方向後，領袖應做好溝通工作，讓每位員工都明白工作目標。

若然目標的背後有遠大理念支持就更加圓滿，這也解釋了為何很多大企業都會建立自己的企業文化及使命。說一個有趣的例子，從前有人在街上看見一群建築工人正在建屋，當時正值烈日當空，勞動工人們都大汗淋漓，臉上笑容卻仍然燦爛，享受其中。那人大惑不解，便上前詢問其中一位工人，對方解釋說：我們正在建造教堂！可見如果員工擁有強烈的使命感，那麼工作的效率也將大大提升。

第6部曲：追蹤績效

人總會有偏見及個人喜惡，但身為領袖，我們不能只憑一時的感覺來判斷下屬的工作能力，較為客觀的做法是設立關鍵績效指標（KPI），量化每個部門及每位員工的工作表現，從而監察工作進度是否達到最大效益、實現人力及財務資源運用最大化。如在過程中發現有任何偏差，也可立即作出適當的調整。

第7部曲：慶祝成果

不管是小孩還是成人，總是希望獲得別人的認同，工作也是一樣。員工對工作有沒有歸屬感，除了要看薪金水平之外，上級是否重視自己的價值，也相當重要。所以，提升工作士氣是領袖的責任，每當一個工作項目圓滿結束，領袖好應該抽空與下屬慶祝及分享工作成果，藉以表揚員工的貢獻。團隊之間感情融洽，對公司有歸屬感，將會轉化為做好下一個項目的推動力。

執行技巧七部曲

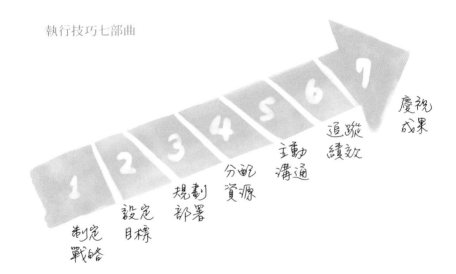

領導者要扭轉的三個思維

一個出色的領袖，其思維模式也要作出改變，尤其是不要受到傳統想法的束縛。以下三大常見思維，正正是領袖要深思，甚至是要扭轉的關鍵。

i. 不要害怕團隊犯錯

「為什麼你會做錯？你知道自己這樣做，公司會有多大損失嗎？」

人總會犯錯，其實犯錯沒有什麼可怕，若然下屬每次犯錯，你便大加指摘，最後員工可能會不再敢去嘗試，慢慢地團隊也會變得僵化守舊。當你在抱殘守缺之時，競爭對手早已拋離你老遠。

領袖要明白「錯」有層次之分，非法的「錯」當然絕不容許，但決策本身卻是見仁見智，不一定有對與錯之別。做生意本來就是 trial and error 的過程。在競爭激烈的環境中，創新才是我們今天需要學習的新思維。即使員工跟自己的意見迥然不同，如果對方給出的是一個具有創意的想法，也不妨讓他嘗試，最後更可能會有意外收穫。

谷歌便以創新而聞名於世，鼓勵每位員工在做好本份以外，可嘗試發展個人項目，公司又會提供各種機會及支援。正是這種「予人嘗試」及「可以犯錯」的文化，令谷歌曾推行過無數失敗的項目，但也從錯誤中不斷學習及壯大，成為今天的科技巨無霸。

ii. 不要痛恨投訴

「為什麼那個無理的客戶又作出投訴？」

沒有客戶投訴，是值得自豪的一件事嗎？未必。撇除一些極端例子，其實客人投訴往往是一個改善業務的機會，因為投訴即是向領袖發出訊號，意味業務或團隊出現了漏洞。

面對投訴，若果領袖只是試圖拖延或掩蓋事情，沒有及時向管理層滙報的話，結果有可能變得一發不可收拾。因此領袖必須具有敏銳的判斷力，能夠洞悉及預測事態發展及其嚴重性，並在適當時候上報問題。即使發現問題是基於自己的工作缺失而造成，也要虛心承認並加以改善。

iii. 不只要重視結果

「為什麼這個月你的業務又不能達標？」

在很多行業（尤其是銷售業），公司都會設定業務指標。我們不時聽到有上司向下屬施壓要達到銷售目標（廣東話所謂的「捽數」）。能力一般的領袖，往往只重視數字管理，員工「到數」是唯一目標，卻不理會背後員工面對的挑戰，或為了「到數」而不擇手段，甚至是「造數」。

「造數」可大可小，輕微者會使公司看不清業務營運的真面貌，使資源管理不善；嚴重者有可能觸犯法例，令相關人士要負上法律責任。所以，工作的過程與結果同樣重要，若果過程中有不對的地方，即使結果再好也沒有用，反而在之後要花費更多人力物力善後。

領導者要擔任的三個角色

升至管理階層後，薪水多了、要兼顧的事情多了，但實際上的角色有什麼轉變呢？從過往的經驗，我歸納出一間公司的掌舵者或領導人的主要角色。

i. 一名出色的銷售員

「我又不是銷售員，只要好好管理屬下便可！」

銷售到底是什麼？是不是地產經紀、時裝售貨員，才要懂得銷售技巧？其實最需要懂得銷售思維的人，正正是管理層。

每個成功的商業領袖，都善於售賣夢想。將人類移民到火星簡直是異想天開，但馬斯克除創辦了特斯拉製造電動車外，亦成立了太空探索技術公司研究太空運輸，希望完成商業的太空夢。馬斯克的厲害之處，是他本身就是一位出色的銷售員，更一反傳統，解散了整個公關團隊，改為在社交平台親自宣傳業務理念及個人看法，使其推特賬戶擁有逾7600萬追隨者。馬斯克單憑一己之力，便可清楚向客戶、股東及員工等持份者，交代自己業務的核心競爭力及優勝之處。

不是每個人都擁有馬斯克的能力，在閱讀這本書的你，也很可能
不是什麼公司創辦人，而只是一位中層管理人員，但不論你是一
名銷售主管，抑或是一個市場推廣經理，甚至是IT部人員，你
都需要說服客戶、上司、老闆或其他部門同事，從而達到業績、
令產品廣為人知，或令其他部門同事懂得用你的系統。所以，一
名出色的管理層，也必須是一位出色的銷售員。

ii. 一名首席問題解決者

「每當遇到問題，下屬應自行解決！」

問題天天都會湧現，有時是企業內部出現問題、有時是行業問
題，也有些時候是大環境出現問題。一些工作上的細節，當然
可以交由下屬自行處理，但當遇到了重大問題或挑戰，管理層
便應展示承擔及勇氣，帶領公司求變，從而在嚴峻的環境下繼
續生存。

例如近年新冠肺炎疫情肆虐全球，傳統行業受到嚴重打擊，懂得
轉身的管理層，便嘗試開拓網上商店，以挽回部分生意。

要在極短時間內提出解決問題的方法，依靠的是超卓的判斷力。
有些人即使工作能力高超，但天生優柔寡斷，就未必適合做決策
者或領導人。需知道在一個團體當中，總會有一些做事深思熟慮
的人，雖然他們往往是「只有討論但無結論」，但經過他們分析
各種好與壞，決策者可以作出更全面的應對。

解難的能力固然重要，但一個出色的管理層，更應在事情未發生前便意識到未來的方向。憑着個人歷練、時刻觀察和預測市場動向，以及對問題提出獨到見解，便有望避開未來的危機。若每次都是在問題出現後才加以糾正，所消耗的資源可能會更多，也可能影響客戶對公司的觀感。

提提你：

上級切忌「一言堂」

領導人「一言堂」管治絕對是一件壞事。若每次都是你發表個人意見，其他人無機會出謀獻策，久而久之，公司便不會有進步空間，團隊士氣及合作精神也會相當低落。

其實每人都有盲點，沒有人永遠是對的，所以領導人應時刻保持開放態度，這樣才能制訂出最好的業務方案。

iii. 一個團結眾人的合作夥伴

「我的工作能力很高,根本不用跟他人合作!」

中低層員工,只需做好份內事便可。管理層不一樣,不管你的個人能力有多高,都需要其他的配合,才能達成各種工作目標。

領導者不是萬能,必須多加聆聽及接納別人的意見,才會對自己或公司有益處。現代商業世界複雜多變,涉及各式各樣的市場及客戶群,員工特質也各有不同。身為管理層,要懂得不同員工的性格,尤其是一些Alpha employees(即是在團隊中具有領導力的員工),因為這類下屬對其他同事有很大影響力,管理層需透過各種方法將意見不同的人連成一線,達至協同效應。

在我接近40年的工作生涯中,待過多家公司,也接觸過許多不同種類的人和事,最大的體驗是「做事容易做人難」。其實做事方式都不外乎那幾種,為何仍有很多人都做不到?主要是牽涉了「人」這個因素。如果共事者非常合拍,萬眾一心,做起事來就事半功倍;相反,若然同事之間經常勾心鬥角,針鋒相對,便會造成惡性競爭,甚至令原本很簡單的事都變得錯綜複雜。

在團隊協作方面,管理層必須建立彼此尊重的文化,並適時製造機會,讓員工開誠布公地進行討論,有需要時,還要游說各方人士作出讓步並取得中間點,避免大家因為歧見而拖累工作。

工作上，部門與部門之間發生衝突乃無可避免。舉一個我在金融業的親身例子，面對激烈的競爭，銷售部門自然要全力衝刺搶佔市場，但由於金融業向來受到法規嚴格監管，法規部門或會不自覺地充當監管機構角色，引述條例並硬性要求銷售部門暫停某項工作。每次遇到這個情況，總會有同事非常生氣，兩個部門的關係甚至會產生裂痕。

這種情況其實可以理解，銷售部門是從生意的角度出發，正如一匹向前衝的野馬，而法規部門則是以避免犯法的角度出發，亦即是勒馬的韁繩，雙方自然會有衝突。當察覺事情發展愈趨嚴重，身為領導者的我便要出手調停，向相關部門了解他們背後有何疑慮和理據，讓雙方一起討論和查證會否有人解讀錯誤。如證明屬實，便跟團隊努力尋找一些合法的途徑。

對於處理工作衝突方面，大公司與小公司確有差別。小公司大多是家庭式營運，遇到任何問題都可以迅速討論及解決；大公司作風則較官僚，甚多行政上的關卡。領導人的職責就是要打破官僚主義，令各方面冷靜了解及處理共同面對的問題。

我帶領團隊打拚的故事

我在2006年再次進入滙豐銀行工作，主要擔任新開設的財富管理業務主管。一直以來滙豐銀行只是提供存款、貸款、樓宇按揭等傳統業務，因為高利率環境已經不再，公司預計未來的業務增長將會持續放緩。

為了彌補這個缺陷，滙豐於是銳意發展財富管理業務，目標是在5年內將現有的業務收入翻倍，即每年大概要創造25%或以上的增長。我的主要職責是帶動公司不同部門如投資、保險、存款、外滙及證券交易等業務在3年至5年內有顯著增幅。

要成功向客戶推銷一個前所未有的「夢」，管理層首要做的是，使到下屬擁有同一個夢。因為剛起步的新部門通常缺乏其他同事的支援，下屬也未必理解為何要一改往日的工作做法。所以當時我用了頗長時間跟團隊討論和解釋，並了解他們面對的困難和疑慮。只有在團隊上下都相信這個「夢」之後，我才可以獲取更多人力和財務資源來實現目標。

當然，說服下屬破舊立新，為夢想打拚，靠的並不是一時間的豪情壯語，而是堅實的研究數據及周詳的轉型計劃。老實說，當時滙豐銀行的保險銷售業務發展並不太順利，主因是公司將投資業務及保險業務交由兩個不同的部門負責，客戶經理（Relationship Manager, RM）是客人的首個接觸點，負責處理

相關投資事務，而當客戶經理發覺客人有購買保險的需要時，才會將客人轉介至保險顧問，後者的角色因而變得相當被動。

經過分析後，我當時建議將有關服務合併，變成由一個人專門負責。一如所料，兩個部門在討論過程中都深表疑慮，所以我預備了不同計劃來解決他們的擔憂，例如提供員工培訓計劃，讓兩個部門員工互相獲得對方的專業知識。將兩個部門合併之後，同事的工作不再重疊，能大幅提升成本效益，客戶也能獲得更全面的服務。

要讓公司業務更上一層樓，人才及財務資源的投放必不可少，短期內生產力受到影響也無可避免，幸好老闆也明白「有收入必先要付出」的道理。最後我們達成5年內業務翻倍的目標，還擊敗了其他保險公司，在保險市場佔有率中奪得第一位，傲視同儕。

領導者的光榮和不光榮

做管理層是不是一定只有好處、沒有壞處呢？不一定。雖然收入更高、權力更大，但領導者也有不光榮的時刻。

每當社會經濟不景氣，公司遇到財政危機，削減成本往往是一個迫不得已的選擇。這時領導者便要無奈地作出一些艱難的決定，辭退員工。相信沒有人想做劊子手，尤其是對方是跟自己一起打拼多年的戰友。

管理層也要明白一個現實，就是當你升職之後，與同事之間的關係已經出現了變化。

還未升職前，你可能與其他同事相當熟絡友好，經常站在同一陣線。但當你成為隊伍主管後，原本同級的同事便突然成為下屬。如何在配合公司發展方針之餘，關顧雙方的感情，是很微妙的技巧。試想想，如果那位跟你友好的同事做事能力欠佳，你會不會坦白告知？你會否在年終的員工表現評估（appraisal）時如實反映？甚至當有需要時你能否忍心親自把他解僱？

有很多人應該未曾想過，當升職到某個位置，所面對的難處只會愈來愈多，而且複雜程度難以想像。不過無論你喜歡與否，都要接受和面對，因為這是你工作的一部分，世界可沒有那麼美好，

只得光榮而沒有陰暗，你唯一可以做的是，經常自我調節心態，
讓自己釋懷。

提提你：

別以為人人只為賺錢而工作

錢當然很重要！但請記住，世界上的工作不止一份，而且大多數
公司都不會支付明顯高於市場的工資或福利！所以，你不要期望
團隊成員僅僅因為拿到了薪水就全力工作或全力支持你。特別
是，新世代更加珍惜與志同道合的朋友一起工作，重視工作與生
活平衡，以及渴望在工作中獲得的樂趣。所以，請不要以為每個
人都只是為了錢而工作！

激勵員工小技能

員工打工賺錢各有目的，有上進的，也有求安穩的，更有些是為了興趣。要激勵他們配合公司的政策，團結一心努力工作達成目標，領導人必須多花心思了解每位員工工作背後的動機和所重視的東西。

為了增進凝聚力及向心力，很多公司每年都會籌辦團隊建立（Team Building）活動，但盲目地進行這些活動不一定奏效，反惹來員工厭惡。近來有些人力資源顧問公司研究發現，如果企業積極推行社會責任，舉辦一些幫助弱勢社群的活動，或者令員工覺得跟公司的價值觀不謀而合，因而產生歸屬感及認同感。

當公司賺取了利潤，領導人應該要如何公平地派發花紅給員工，才會令大家接受呢？每位員工都會覺得自己應該加人工、獲得豐厚花紅，但以「分餅仔」形式平均分配予眾人，或會令盡力的員工覺得自己不受重視。因此領導人必須事先訂立一個清晰的制度，以回報同事長期的努力，避免有員工在事後埋怨不公，造成軍心渙散。

生意有起有落，當公司業績處於劣勢時，管理層未必有能力以金錢回饋員工，這時就是領導人發揮個人魅力的時候了。金錢並非留住員工的唯一方法，平日你有沒有真心對待員工？有沒有理解

他們的需要？如果員工覺得自己受到領導人的重視，會更易理解
公司的處境並嘗試共渡難關。

提提你：

不要假設人們會聽你命令

要成為真正的領導者，必須先贏得別人的尊重和信任。如果領導
者無法贏得人心，例如工作能力欠奉，或從來不花時間關心自己
的團隊，或只是關注業務結果而沒有同理心，那麼單靠頭銜和權
力，是不可能建立出一流團隊的。

CHAPTER 05

光輝
歲月

CHAPTER 05

**我們繼續前行,打開新大門、創造新事物,
皆因我們對一切感到好奇,而好奇心會引領
我們到達新的道路。**

——和路·迪士尼(Walt Disney)

*We keep moving forward, opening up new doors, and
doing new things, because we're curious and curiosity
keeps leading us down new paths.*

離任：放手讓你得到更多

當你經過年少的打拚並晉身至管理層後，除了要學習當個稱職的領導者，還有一點是絕對不能忽略的——如何面對職場上的別離。

離開的原因有很多，可能是你已經走到了人生的下半場，開始為自己的退休之路作打算；也可能純粹是轉換工作崗位，另謀高就；也有些人決定自立門戶，再闖一番事業。無論原因是什麼，盡量做好離職安排，並與他人妥善交接工作，都是一名優秀員工的責任所在。即使不是為了責任，而只是為了自己利益打算，我們都應這樣做，因為人生永遠難以估計，今天一別，難保他日你會再次與這家公司、這些人再次合作，「好來好去」對雙方而言絕對是利大於弊。

過去數十年的職場經驗告訴我，管理層對於人才的看法，大致可分為兩大類型：第一類認為自己相當重要，若然沒有自己坐鎮，公司便會立刻支撐不住。第二類型則着重培訓人才，樂意把自己所知傾囊相授。

前者除了自視甚高，也往往會有「忌才」傾向，受制於「教識徒弟無師傅」這個迷思，害怕別人在工作上取代自己，因此凡事「留一手」，不願把技能相授。而即使有更好的機遇出現，礙於他向

來把自己塑造成不可或缺的人物，老闆也不願他離開原本的工作崗位，寧願找其他人接任新挑選。這類人永遠不明白，正是這種「忌才」心態，最終反過來窒礙自己的事業發展。

再者，由於這一類人害怕別人覺得自己不再重要，因此在面對離職時，或會故意打亂繼任者的工作，令對方未能順利接班，甚至弄得不愉快收場。

我的管理風格屬於後者，最希望團隊內每位成員都是能力出眾的「天王巨星」。我認為要是老闆找人做事，不一定要指定委派我，而是找我團隊內任何一個成員都可應付他的要求。實情是，無論你從事什麼行業、擔任哪個崗位，「長江後浪推前浪」是必然的現實，每個人都得坦然接受。正如佛學所言，當你手中牢牢緊握着一件東西不願放手，你就只能擁有這件東西；若果你肯放手，反而海闊天空，可以選擇更多。所以，當一個人要離開原本的職位時，便要學懂在適當的時候放手。相反，如果過於執着，你其實是在扼殺自己的發展機會。

培訓繼任人／管理層的例子：

畢非德

很多香港人認識的畢非德，是由於他擁有「股神」稱譽，長線投資成績無人能及。其實畢非德也是一位偉大的管理者，其投資旗艦巴郡旗下擁有多家私人企業，業務遍及食品、家居用品、鐵路、私人飛機及珠寶等。畢非德會花大量時間視察公司掌舵者的管理執行才能，如他認同這些掌舵者的能力，便會放手讓這些公司繼續自行營運，雙方因而建立了長遠且深厚的關係。

喬布斯

已故蘋果公司創辦人喬布斯是一位商業
奇才及優秀的設計師，他的產品設計和
銷售策略享譽全球，但最終他將業務託
付給由營運出身的庫克(Tim Cook)。
這可能關乎蘋果企業已發展到了非常龐
大的規模，公司的生產、控制成本及營
運等工作變得更加重要。

蓋茨

微軟(Microsoft)曾經是雄霸世界的電
腦軟件製造商，但隨着其他競爭者在市
場上崛起，公司的產品及營運模式一
度追不上潮流，更被用家嘲笑有老化跡
象。直至近年，微軟聘請了一位出色的
繼任人——納德拉(Satya Nadella)出任
行政總裁，他掌握到未來世界的發展方
向，致力開拓雲端業務，成功將微軟起
死回生，穩佔全球市值十大企業之一。

切忌在離職時建立敵人

在規劃離職時，你應該好好制定繼任人計劃，找一個潛質優秀，甚至比自己更能幹的人，這樣的話，即使出現突如其來的新機會，你都可以安心把握，不怕拖累原本的團隊。正如在2000年，我派駐富達投資台灣分公司任職前，老闆便明言欣賞我為他聘請到一位得力的繼任者，讓他可安枕無憂，此舉也造就我可以全力接受公司的全新挑戰。後來太太剛懷孕，我打算離台回港，當時我也努力尋找適合的繼任人。

回想每次向老闆遞上辭職信後，我仍然受到公司的重視，並容許我繼續執行工作直至離職前的一刻，令我感到非常自豪，因為這反映別人對自己的信任。職場世界不是我們想像中那麼大，我們總會有碰到舊東家、舊同事的時候。我自己就曾兩進兩出滙豐銀行，如果在每次離職之時我並沒有為老闆及公司留下良好的印象，那麼後來的我能否再次順利入職滙豐？答案相信非常明顯。除非你打算完全轉換工作跑道，否則在離職時建立敵人，是相當愚蠢的做法。

培訓人才是管理學的重要一環，即使你如何天才過人，都不能自己完成所有工作。許多公司在每年年結時都會評審各同事的工作表現，部門主管亦會展開關於繼任人選的討論。能夠在團隊中找到下一個繼任人固然是好事，若果有潛質繼任的員工仍需時間琢

磨的話，部門主管也可以委派各種任務加以培訓，彌補他的不足，讓他有空間改善自己。

隨着時代變遷，企業對繼任人的選擇也有不同的偏好。以往大部分企業重視營運事宜，因此營運總裁（COO）最有機會成為公司日後的掌舵者。近年全球經濟日益數碼化及金融化，擁有資訊科技底子的工程師，或熟悉上市程序的會計師接掌帥印的機會變得愈來愈高。

2014 年及 2019 年兩度擔任香港投資基金公會主席。

投資者及理財教育委員會「錢家有道」舉行啟動儀式，我當時擔任督導委員兼大使。左為東亞銀行高級顧問陳子政。（投委會提供）

左：攝於滙豐銀行的慶祝派對。

右：在宏利投資管理工作時，
　　穿着校服參加員工活動。

家庭：背後的重要支柱

如果你已晉身至管理層位置，獲得成就和別人的肯定，不難想像
你是一個相當重視工作的人。在年少時努力衝刺，是理所當然
的。但除了工作，人生還有很多值得我們珍惜的東西，例如家庭
和社會責任。

當踏入管理層的光輝歲月，往往也是父母年事漸高、需要更多照
顧的時候；若閣下家有兒女，也需要更多關顧父母，但時間有
限，體力也有限，我們不可能像年少時通宵達旦工作，翌日仍然
精神飽滿；我們也不能只顧工作而忽略家庭。

到了這個時候，我們便要學習權衡事情的輕重，嘗試取捨和放
下，例如把工作授權其他同事執行，給予他們有更多發揮機會之
餘，也可讓自己騰出空間，規劃業務的大方向、優化部門運作等
較高層次的工作，同時花更多時間滿足家庭需要。

家人的鼓勵是每個人的重要支柱，當身邊的伴侶在工作或生活上
面對種種挑戰，只要有家人的扶持和體諒，便可以渡過難關。以
我為例，在兒子出生後，我一直擔心太太在情緒上會出現變化，
當時我決定一切以家庭為重，即使要裸辭，也要離開工作了5年
的台灣崗位返回香港，以便太太和兒子可以與其他家人共聚。

與太太、兒子和愛犬全家福。

一般人年過60歲，便到了退休的時候，我選擇於2022年以58歲之齡提早退休，原因也是家庭──由於兒子之後將遠渡重洋，負笈海外修讀大學。我希望趁他仍然留港的這段時間，可以與我和太太共度更多寶貴的時光。

要在「工作」和「家庭」兩者之間取得平衡，是一件十分艱巨的事情。如果時間分配得不當，便可能會造成嚴重後果。我曾經遇過一對在金融業發展得非常成功的夫婦，他倆做所有事情都懷着雄心壯志，對待子女也是如此，例如總是為孩子完美規劃將來每一件事情，卻因而為一家人增添無形壓力，雙方摩擦漸多，加上他們因為專注工作而疏忽了小朋友，最後離婚收場，實在非常可惜。

社會：是時候實踐夢想與抱負！

儒家思想有云「修身、齊家、治國、平天下」，除了選擇當政治人物，相信我們大部分人都未必有治國的魄力或理想，不過這種推己及人的道理，也可以套用在現代世界，例如為社會做出更多貢獻。

在工作接近40年後，我算不上發了大財，但總算賺取了足夠資源滿足家庭需要和改善生活條件。我一直希望將我所擁有的分享開去，為社會做一點有意義的事，例如略盡綿力幫助弱勢社群。

教育改變了我的人生，我深信知識可以改變命運，因此我在2006年成立了一間專為推行企業社會責任的非牟利公司，並開辦了「Project Curiosity」工作坊，透過與不同企業合作，安排義工教授企業員工及其子女編寫電腦程式。往後，我希望能邀請義工們及已受培訓的家庭，把他們所學習到的電腦知識轉授其他小朋友，希望弱勢社群也能有機會學習不同知識，令他們在未來有向上流動的機會。

此外，我還有兩大計劃，第一是提升大眾的金融知識（financial literacy），使大家懂得如何妥善地管理辛苦賺回來的薪水，並作出適當的投資。另一計劃，則是協助年輕人規劃長遠的職涯發展。

能在家庭和工作中擠出額外時間，為社會出一分力，並一手一腳建立不同的項目，當中的滿足感和成就感，是平日工作無可比擬的。如果有讀者看過我的著作後，能從中學到一些東西，更會令我覺得無比高興，這種助人的信念，一直是我堅持下去的推動力。

傳統的金融行業以商業掛帥，只會重視客戶及股東利益。我慶幸在富達投資任職時，見識到一家成功的投資機構，除了賺錢之外，也會盡力了解客戶真正需要及教育大眾金融知識，而不只是計算利益。

到了近年，社會風氣出現些微轉變，愈來愈多企業發財立品，把ESG因素納入業務管治之中。例如最近地產商便紛紛響應共同富裕概念，撥出資源發展社區，也有很多企業鼓勵員工參與義務工作。另一方面，不論是監管機構、大股東（例如基金公司）或消費者，都在推動企業履行社會責任，大家開始注重社會的持續發展，絕對是一件好事。

每個人先管理好自己、家庭的事，然後推己及人，幫助社會上有需要的人，世界才會變得美好。當然，沒有一條方程式去計算每個人應該要貢獻多少，或以什麼形式作出貢獻，有人選擇在空餘時間做義工照顧流浪狗，有人選擇定期捐款予一些可靠的慈善組織，各適其適，大家盡力而為便可。

2022年1月，我開始在香港中文大學教授財富管理課程。對我來說，這也算是貢獻社會的一種方式，希望藉此可助年輕人一臂之力，幫助他們充實自己，在日後的事業發展走上康莊大道。

正如馬斯洛所言，人生有不同的層次，我們不應只停留在滿足基本生存需要，而是應該懂得在家庭與私人空間中取得平衡，建立自己的社交圈子、嗜好，甚至是追求自己的夢想。前提是，大多數人都需要有足夠資源才可追求夢想，這就成為了每天努力工作、學習職場技能的推動力。

光輝歲月不代表真的退休，什麼也不做，而是到了這一刻，你已經不用以賺取金錢為目的去做，可以真真正正地實踐自己想過的人生！

結語
平凡之路 不凡人生

在漫長的職業路途上，起落常有，往往是拐過很多彎路才知道自己想做什麼。剛畢業的年輕人就像原始但珍貴的絲質材料，當他們開始積累技術、工作和管理經驗，就像一針一線地在絲綢布料上刺繡出美麗的圖案，讓原本平凡無奇的材料聲價百倍！

每人努力工作的動機各有不同，有人為自己的興趣而工作，有人為了家人而工作，有些人則天生喜歡工作帶來的滿足感，有人甚至只是想與隊友聚在一起。

心態決定境界

無論你的動機是什麼，盡早了解和裝備自己，都有助打穩基礎，為日後的職業生涯開闢更多機會。除了硬件上的技能和經驗，我們還要了解公司的文化、願景和目標，才能在踏入管理層後，掌握應有的管理技能。

工作不應該是生命的全部，在你平步青雲，甚至實現了財務自由後，或者是時候思考人生的下半場應該怎樣過，例如追求一些尚未完成的夢想和抱負！

請記住，不要放棄任何機會，也不要低估每次邁出一小步的力量。若不是當初我在求職3次均被拒絕之後，不忿氣地寫了一封信給滙豐銀行的主席，我的職業生涯或許會很不一樣。

我不相信我是唯一一個幸運的人。

我相信，每個人都能成功！ 無論是過去、現在，或未來！

你準備好了嗎？

職場「錦」囊

○ **鼓起勇氣**： 遇到認為合適的職位，就要努力嘗
試，不輕言放棄機會。

○ **充足準備**： 搜集應徵公司及職位的背景資料，提
升自己相關經驗和技能、如何處理工
作上的挑戰。

○ **場景設想**： 預先想想面試官會提出什麼問題，準
備言之有物的答案，好讓自己在面試
過程中對答如流，提升印象分。

○ **擺正心態**： 面試中，不要問公司能為你帶來什
麼，而要多帶出你能為公司作什麼樣
的貢獻。

入職篇

○ **有心有力：** 「能」（力）來自知識、經驗和技能；「心」是對工作的熱誠。擁有以上兩項，這個類型可望擁有最好的發展機會和回報。

○ **不怕吃虧：** 願意做事，別人會感受到你的真心，便會為你提供種種機會。做事錙銖必較的話，便很可能局限了自己的發展。

○ **保持好奇：** 要經常抱着「我對這個事情很感興趣，可否讓我試一試？」的心態，去試、去闖，才能累積有趣經歷。

○ **善用時間：** 把握入職後首5年的黃金10,000小時，愈年輕愈易吸收技能經驗，不要指望靠些少皮毛的認知蒙混過關，否則你只會感到工作愈來愈吃力。10,000小時只佔整個職業生涯的15%至20%時間，先苦後甜，無往不利。

升職篇

○ **掌握技巧：** 第三章提出的八大核心軟技巧，涵蓋在職場上打拚需要具備的基本功。

○ **毋懼進諫：** 只要提出具建設性的意見，兼有數據支持自己的說法，都有機會被上司採納。

○ **空話無用：** 向上司承諾「升職後我會做得更好」是沒有意義的。

○ **往績為王：** 展示出自己對公司政策的認知、對關鍵成果的貢獻、對以往一些挑戰的克服能力及領導能力。

○ **堅定展望：** 你必須讓管理層知道，自己充分了解新角色的挑戰和機遇，並會以哪些方案來克服挑戰、實現機會，你需要團隊和管理層提供什麼資源和支持。

○ **終身學習：** 當累積了一定工作經驗後，你可能感到自己需要轉到其他地方學習新知識，又或希望攀上更高職位卻遇上瓶頸，這時或許正是進修彌補不足的時機。

跳槽篇

因小失大： 不要單純因為薪金而轉工，不少人在入職數年後都會考慮跳槽，但沒有厚實根底的人容易失去競爭力，當經濟情況逆轉就會被市場淘汰。你應認真考慮在哪裏才會獲得更多學習機會、可以更好發揮一己能力，那個才是合適留下來的地方。

更高目標： 當你的舊職位已沒有新的東西學習，做的只是重複的工作，那麼你或許是時候轉職了，不用找藉口，你需要瞄準更高的目標。

柳暗花明： 有時跳槽不一定是為了更高的薪酬或更好的發展，也會為了家庭、健康、朋友等因素，不要只看眼前得着，也要思考一下工作以外的其他價值，結果往往令你意想不到。

領導篇

○ **扭轉思維：** 一個出色的領袖，不應受到傳統想法的束縛。要容許下屬犯錯、要接納投訴，也應看重結果以外的其他指標。

○ **三個角色：** 領袖要懂得推銷，說服客戶、上司、老闆或其他部門同事向共同目標進發；領袖也是首席問題解決者，有能力克服眼前問題，規避未來危機；領袖亦要懂得團結眾人，聆聽意見，切忌一言堂。

○ **認識位置：** 升任領導層後，工作位置已然不同，有時要做艱難決定，例如在經濟不景時負責裁員。不過無論你喜歡與否，都要接受和面對，因為這是你工作的一部分，世界可沒有那麼美好，只得光榮而沒有陰暗，你唯一可以做的，是經常自我調節心態，讓自己釋懷。

○ **賞罰分明：** 領導人必須事先訂立一個清晰的制度，以回報同事長期的努力，避免有員工在事後埋怨不公，造成軍心渙散。

○ **善於激勵：** 領袖要激勵下屬配合公司的政策，團結一心努力工作達成目標，領導人必須多花心思了解每位員工工作背後的動機和所重視的東西，讓他們覺得受到重視。

提升職場實力的參考書籍

除了與金融相關的讀物，在我整個職場生涯中，還閱讀了很多關於全球趨勢及個人發展的書籍，每一本都為我帶來深刻啟發。與此同時，近年亦有不少網上課程平台，讓我們可以接收不同範疇的專業資訊，持續學習。以下是我與讀者分享的一些推薦好書及有用連結，希望你也能從中受益！

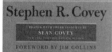

《高效能人士的 7 個習慣》
(*The 7 Habits of Highly Effective People*)

作者： 斯蒂芬·柯維（Stephen R. Covey）

簡介： 根據我的經驗，養成和堅持良好工作習慣非常重要。世界管理大師斯蒂芬·柯維的著作着眼於培養自我意識和良好的工作習慣，然後是團隊合作及取得協同效應，最後是不斷的自我提升。

《高科技高觸感》
(*High tech high touch*)

作者： 約翰·奈思比（John Naisbitt）

簡介： 科技正直接或間接地影響我們的生活，但這並不代表科技可以取代所有工種。世界大趨勢大師約翰·奈思比透過時間、遊戲、宗教和藝術等人類視角，解構我們與科技間的互動關係，讓我們更了解科技在日常生活中所扮演的角色，並鼓勵我們討論生物科技將如何改變未來生活。

《不是你有多好，而是你想成為多好》
(*It's not how good you are, it's how good you want to be*)

作者： 保羅·雅頓（Paul Arden）

簡介： 世界頂級廣告大師保羅·雅頓在解決問題、簡報、溝通、找合適時機來表達想法、犯錯及創造力等各種問題上，提供他的智慧看法，而這些看法都可以應用於現代生活的各個細節。

其他書籍及有用連結：

《一分鐘經理人》
(*The One Minute Manager*)

作者：肯・布蘭查及史賓沙・約翰遜
　　　(Ken Blanchard and Spencer Johnson)

簡介：故事講述一位遍尋完美管理技巧的年輕人，從
　　　「一分鐘經理人」身上領悟到三大高效的管理秘
　　　訣，包括確定「一分鐘目標」、進行「一分鐘讚
　　　賞」，及時作出「一分鐘訓斥」，並付諸實行。

《大趨勢：改變我們生活的十個新方向》
(*Megatrends：Ten New Directions Transforming Our Lives*)

作者：約翰・奈思比 (John Naisbitt)

簡介：世界大趨勢大師約翰・奈思比從10個角度講述
　　　美國社會的發展趨勢，並指出當地已步入「訊息
　　　社會」的新時代，為基礎工業、各地區的發展前
　　　景，以及貿易產生根本性變化，讓大家深思並
　　　做好準備迎接未來的衝擊。

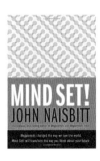

《Mind Set! 奈思比11個未來定見》
(*Mind Set! Reset Your Thinking and See the Future*)

作者： 約翰·奈思比（John Naisbitt）

簡介： 約翰·奈思比整理自己多年來對趨勢的觀察，與讀者分享11個洞悉未來的思維定見，並將這些定見用於預測未來的經濟世界，以及個人生活趨勢之上。

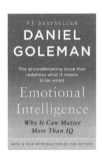

《情緒智商》
(*Emotional Intelligence*)

作者： 丹尼爾·高曼（Daniel Goleman）

簡介： 著名作家兼心理學家丹尼爾·高曼提出探討人生成就的全新角度——「EQ」。書中闡述如何更有系統地培養EQ，包括提高自覺性、有效處理情緒低潮、在逆境中保持樂觀與堅毅、培養同理心，以及互相關懷等能力。

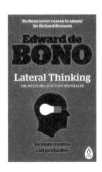

《應用水平思考法》
(*Lateral Thinking*)

作者： 愛德華·德·波諾（Edward de Bono）

簡介： 為什麼有些人總能打破常規，提出富創意的見解，水平思考大師愛德華·德·波諾指出，這與水平思考方法有關，他詳細解釋如何培養水平思考習慣，並闡述產生新意念的歷程，提供實際的做法以供參考。

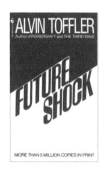

《未來的衝擊》
（*Future Shock*）

作者：艾文・托夫勒（Alvin Toffler）

簡介：面對社會變革，我們應如何自處？著名未來學
　　　大師艾文・托夫勒指出，無論個人、組織或者國
　　　家都會因世界變得太快而超載，成為未來衝擊
　　　下的受害者。但是只要掌握問題癥結，我們還
　　　是能夠掌握未來的命運。

Business Classics：
Fifteen Key Concepts for Managerial Success

作者：Harvard Business Review

簡介：結集《哈佛商業評論》關於管理的不同文章，涵
　　　蓋15個造就成功管理的概念，當中包括營銷近
　　　視症、如何激勵員工、管理業務效率等。

《哈佛商業評論》（*Harvard Business Review*）

連結：https://hbr.org/

簡介：創刊100年，由哈佛商學院結集專家、學者，針對管理事
　　　務研究而出版的專業刊物。

LinkedIn Learning

連結：www.linkedin.com/learning/

簡介：LinkedIn 在2015年4月收購網上教育平台Lynda.com後
　　　推出的線上影音學習服務，主題包括商業、科技及創意等
　　　範疇。

Ted Talks

連結： www.ted.com/talks

簡介： TED是美國一家非牟利機構，T、E、D三個字母分別代表
科技、娛樂及設計（Technology, Entertainment, Design），
集合來自科學、設計、文學及音樂等領域的傑出人物，以
18分鐘之內的短講分享他們的思考與探索。

GetSmarter Online Course

連結： https://www.getsmarter.com/

簡介： GetSmarter為教育技術供應商2U集團成員，聯同大學
提供短期網上證書課程。

**喬布斯2005年於
美國史丹福大學畢業典禮的
演講短片（內附演詞文字版）**

連結： https://news.stanford.
edu/2005/06/14/
jobs-061505/

Mckinsey *The future of work after COVID-19*
有關新冠疫情後勞動市場新趨勢的分析

連結：www.mckinsey.com/featured-insights/future-of-work/
the-future-of-work-after-covid-19?cid=eml-web

職場必殺技 編織青雲路

錦繡錢情

作者	李錦榮
編輯	吳家儀、蔡廷暉
責任編輯	劉在名、余佩娟
文字協力	黃柏堅
設計	Pollux Kwok
出版經理	李海潮
封面攝影	Ben Tam
圖片	李錦榮、信報資料室、iStock、alamy、Adobe Stock、Mark Hirschey、MSC/Kuhlmunn、Matthew Yohe、網上圖片

出版　　信報出版社有限公司　HKEJ Publishing Limited
　　　　香港九龍觀塘勵業街11號聯僑廣場地下
　　　　電話（852）2856 7567　　傳真（852）2579 1912
　　　　電郵　books@hkej.com

發行　　春華發行代理有限公司　Spring Sino Limited
　　　　香港九龍觀塘海濱道171號申新証券大廈8樓
　　　　電話（852）2775 0388　　傳真（852）2690 3898
　　　　電郵　admin@springsino.com.hk

　　　　台灣地區總經銷商
　　　　永盈出版行銷有限公司
　　　　台灣新北市新店區中正路499號4樓
　　　　電話（886）2 2218 0701　　傳真（886）2 2218 0704

承印　　新世紀印刷實業有限公司
　　　　香港九龍土瓜灣木廠街36號聯明興工業大廈3樓

出版日期　2022年6月初版
國際書號　978-988-75278-5-5
定價　　　港幣 168 元　　新台幣 840 元
圖書分類　職場、工商管理、人物傳記